Wie nutzt man Sprachassistenten im E-Commerce richtig?

Zukunftspotenziale des Voice Commerce

Bibliografische Information der Deutschen Nationalbibliothek:

Die Deutsche Nationalbibliothek verzeichnet diese Publikation in der Deutschen Nationalbibliografie; detaillierte bibliografische Daten sind im Internet über http://dnb.d-nb.de abrufbar.

Impressum:

Copyright © Studylab 2020

Ein Imprint der GRIN Publishing GmbH, München

Druck und Bindung: Books on Demand GmbH, Norderstedt, Germany

Coverbild: GRIN Publishing GmbH | Freepik.com | Flaticon.com | ei8htz

Zusammenfassung

Der Trend zur Nutzung von Sprachassistenten und Smart Speakern für verschiedene Zwecke im Alltag ist omnipräsent. Was die steigende Nutzung der Sprachassistenten für den E-Commerce zu bedeuten hat, zeigt diese Thesis. Die Leitfrage lautet: Welche zukünftigen Möglichkeiten werden dem E-Commerce durch Weiterentwicklung von Sprachassistenten geboten? Anhand dieser Frage ist zunächst der aktuelle Stand von Sprachassistenten analysiert worden, daraufhin sind Zukunftspotenziale und Marketingmöglichkeiten betrachtet worden und schließlich sind Handlungsanweisungen für Unternehmen abgeleitet worden. Diese Arbeit ist zu dem Schluss gekommen, dass eine konkrete Antwort auf die Leitfrage nicht geliefert werden kann, da die Entwicklung der Sprachassistenten noch am Anfang steht. Dennoch wurde festgestellt, dass in erster Linie Convenience Güter für den Kauf über Sprachsteuerung relevant sein werden sowie indirekte Käufe über beispielsweise den stationären Handel. Weiterhin wurden Hürden deutlich, welche dem Erfolg des Voice Commerce im Weg stehen könnten. Diese Hürden sind unter anderem das Vertrauen der Nutzer als auch technische Schwierigkeiten. Zudem ist heute nicht absehbar inwiefern die Menschen zukünftig die Sprachassistenten adaptieren werden.

Abstract

The trend towards using voice assistants and smart speakers for different functions on a daily basis is omnipresent. This thesis shows the relevance of the increasing use of voice assistants for electronic commerce. The key question is: What future opportunities will be offered to e-commerce by the further development of voice assistants? Based on this question, the current status of voice assistants has been analysed, future potentials and marketing possibilities have been considered and finally guidelines for companies have been derived. This work has come to the conclusion that a concrete answer to the key question cannot be provided, as the development of voice assistants is still in its infancy. Nevertheless, it has been determined that convenience goods will primarily be relevant for purchases via voice control as well as indirect purchases such as purchases via stationary retail. Furthermore, barriers have become clear that could inhibit the success of voice commerce. These barriers include user trust and technical difficulties. In addition, today it is not predictable to what extent people will adapt voice assistants in the future.

Inhaltsverzeichnis

Zusammenfassung III

Abstract IV

Abbildungsverzeichnis VI

1 Einleitung 1

2 Theoretische Grundlagen 3
    2.1 E-Commerce 3
    2.2 Sprachassistenten 5
    2.3 Voice Commerce 10

3 Aktueller Einsatz von Sprachassistenten 11
    3.1 Nutzung von Sprachassistenten 11
    3.2 Schwierigkeiten bei der Nutzung von Sprachassistenten 18
    3.3 Vergleich der Geräte 23

4 Zukunftspotenziale 31
    4.1 Steigende Nutzung von Sprachassistenten 31
    4.2 Zukunftspotenziale für Sprachassistenten im E-Commerce ... 33
    4.3 Marketingmaßnahmen für Sprachassistenten 40

5 Handlungsempfehlungen 44

6 Fazit 48

Literaturverzeichnis 50

Anhang 61

Abbildungsverzeichnis

Abb. 1: Funktionsweise *Amazon Echo* mit *Alexa* 8

Abb. 2: Top 3 der möglichen Voice-Nutzungen im Tagesverlauf 14

Abb. 3: Gründe gegen eine Nutzung von Sprachassistenten 22

Abb. 4: Anzahl der Nutzer virtueller digitaler Assistenten weltweit 32

Abb. 5: Zukünftige Verwendung Sprachassistenten 38

1 Einleitung

„Das Phänomen Smartphone ist nicht nur in bestimmten Altersgruppen oder sozialdemographischen Schichten zu finden, sondern wirklich „omnipräsent". Die gleiche Entwicklung werden wir auch mit der Nutzung von Sprachassistenten erleben. Was wir aktuell sehen, ist vermutlich nicht mal 10 Prozent des Gesamtpotenzials der Smartassistenten. Dies ist nur die Vorschau – den Film haben wir noch vor uns."[1]

Im Jahr 1962 wurde der erste Sprachcomputer entwickelt, welcher nur 16 Wörter kannte. Im Jahr 2002 konnte niemand erahnen, dass der Film *Minority Report*, in dem der Schauspieler *Tom Cruise* seine Wohnung mit Sprachbefehlen steuerte, heute bereits Realität sein würde. Doch Sprachassistenten sind in den Wohnungen der Menschen angekommen und werden voraussichtlich bleiben. Die Zahlen zur Verbreitung der mit Sprachassistent ausgestatteten Lautsprecher bestätigen den Trend. Innerhalb des Jahres 2017 wurden über 50 Millionen Lautsprecher für Sprachassistenten auf der ganzen Welt verkauft. Vergleichsweise benötigte das Internet vier Jahre, um gleich viele Menschen zu erreichen und das Smartphone drei Jahre. Der Fakt, dass sich die Zahlen ein weiteres Jahr später in 2018 fast verdoppelt haben, zeigt die Relevanz der Thematik Sprachassistenz.[2] Sprache ist zudem die natürlichste Kommunikationsform des Menschen und ist schneller und bequemer als das Tippen auf Displays.[3] Je beliebter die Sprachassistenten werden, desto relevanter wird die Technik für den Electronic Commerce. Die Kombination aus Sprachsteuerung und Onlinehandel, der sogenannte Voice Commerce, bietet neue Zukunftsszenarien und Potenziale für Unternehmen.[4]

Die Leitfrage dieser Arbeit lautet: Welche zukünftigen Möglichkeiten werden dem E-Commerce durch Weiterentwicklung von Sprachassistenten geboten? Sie beschreibt den roten Faden der Thesis, welcher der Orientierung dient und welche es wissenschaftlich zu analysieren gilt. Die Zukunftspotenziale für den Markt der Sprachassistenten lassen sich lediglich spekulieren, dennoch ist es essentiell für Unternehmen, sich jetzt mit der Thematik zu beschäftigen und Strategien für die Zukunft zu entwickeln.[5]

---

[1] Ambekar [2018], o. S.
[2] Vgl. Gründiger et al. [2019], S. 3.
[3] Vgl. Kahnt/Kohn/Schmidt [2018], S. 63.
[4] Vgl. Isheim [2018], o. S.
[5] Vgl. Springer Professional [2018], o. S.

Ziel dieser Thesis ist es, den Markt der Sprachassistenten in seinem aktuellen Zustand zu analysieren, Potenziale für die Zukunft mit Sprachassistenten im Bereich E-Commerce zu untersuchen und daraufhin Handlungsanweisungen für Unternehmen abzuleiten. Es soll herausgearbeitet werden, was Voice Commerce ist, welche Zukunftsprognosen sich bieten, was dies für die Branche bedeutet und welche Auswirkungen der Fortschritt auf Unternehmen im E-Commerce und das Leben aller Anwender haben könnte.[6]

Dafür wird zunächst ein theoretischer Grundstein gelegt. Die wichtigsten Begriffe für den Verlauf dieser Arbeit werden definiert. Diese sind Sprachassistent, E-Commerce und Voice Commerce. Im weiteren Verlauf wird daraufhin der aktuelle Stand von Sprachassistenten analysiert. Hier wird zunächst ein Blick auf die derzeitige Nutzung der Assistenten geworfen. Danach werden die momentanen Schwierigkeiten in der Nutzung behandelt. Letztlich werden in diesem Kapitel fünf ausgewählte Hersteller von Sprachassistenten untereinander verglichen und in Relation gebracht. Die Hersteller *Amazon, Apple, Google, Microsoft* und *Samsung* werden dafür einzeln hinsichtlich ihrer Sprachassistenten beschrieben. Im darauf folgenden Kapitel der Zukunftspotenziale wird am Anfang die steigende Nutzung von Sprachassistenten betrachtet und begründet. Infolgedessen werden die Zukunftspotenziale für Sprachassistenten im E-Commerce dargestellt. Anschließend beleuchtet diese Thesis die zukünftigen Marketingmaßnahmen für die Branche. Kapitel fünf beschäftigt sich mit Handlungsempfehlungen für Unternehmen. Hier wird erarbeitet, welche Maßnahmen Unternehmen treffen können, um sich auf dem Markt der Sprachassistenten zu positionieren. Schließlich endet diese Arbeit mit einem Fazit, welches die Leitfrage beantworten soll.

---

[6] Die in der Bachelorarbeit gewählte männliche Form bezieht sich ausdrücklich immer zugleich auf weibliche und männliche Personen.

2 Theoretische Grundlagen

Das folgende Kapitel setzt den Grundstein für diese Arbeit. Durch die Definition von verschiedenen Begriffen wird eine theoretische Grundlage geschaffen, die das Verständnis für die nachfolgenden Kapitel der Analyse und der Ausarbeitung der Zukunftspotenziale von Sprachassistenten für E-Commerce ermöglichen soll. Die Begriffe E-Commerce und Sprachassistent werden behandelt, weil sie als Grundbegriffe dieser Arbeit gelten und zur Beantwortung der wissenschaftlichen Leitfrage dienen. Die Definition des Sprachassistenten untergliedert sich weiterhin in die Kapitel Sprachassistenten über Smartphones, Sprachassistenten über Smart Speaker und Skills für Sprachassistenten. Schließlich wird die Bezeichnung Voice Commerce definiert, welche eine Kombination der Begriffe Sprachassistent und E-Commerce darstellt.

2.1 E-Commerce

Der Beginn des E-Commerce ereignete sich im Jahr 1994, als Studenten aus Kiel eine Homepage programmierten, auf welcher Tee bestellt werden konnte. Sie arbeiteten in Kooperation mit einem Tee-Händler, der für jede Bestellung ein Fax bekam und daraufhin den gewünschten Tee per Post an die Kunden verschickte.[7] Ein Jahr später, im Jahr 1995, verkaufte der Amerikaner *Jeffrey Bezos* online Bücher und startete damit *Amazon*. Heute gilt der Onlinehandel als das optimale Beispiel für erfolgreiches E-Commerce.[8]

Unter Electronic Commerce, kurz E-Commerce, versteht man einen „[...] Teil des Electronic Business, der den Kauf und Verkauf von Waren und Leistungen über elek-tronische Verbindungen umfasst."[9] Dies beinhaltet neben den elektronischen Transaktionen wie Kauf und Verkauf auch elektronische Geschäftsprozesse, wie beispielsweise das Onlinebanking. Die Beteiligten des Prozesses verkehren über das Internet oder Mobilfunknetze miteinander und stehen dabei in keinem unmittelbaren physischen Kontakt.[10] Es wird beim E-Commerce zwischen Transaktionen zwischen Unternehmen (Business-to-Business - B2B), Transaktionen zwischen Unternehmen und Privathaushalten (Business-to-Consumer - B2C), Transaktionen

---

[7] Vgl. Cole [2015], S. 50.
[8] Vgl. Cole [2015], S. 51 f.
[9] Metzger/Kollmann/Sjurts [2018], o. S.
[10] Vgl. Metzger/Kollmann/Sjurts [2018], o. S.

unter Privathaushalten (Consumer-to-Consumer - C2C) und Transaktionen zwischen Unternehmen und der öffentlichen Hand (Business-to-Government - B2G) unterschieden.[11]

Zu einem Verkauf, egal ob online oder offline, gehören immer zwei Seiten: Anbieter und Kunde. Seit dem Internet und damit dem Aufkommen von E-Commerce, hat sich das Verhältnis dieser zwei Rollen verändert. Der Markt ist nun mehr ein Marktplatz, der die Möglichkeiten zum Austausch, Vergleich oder Feedback bietet.[12] Weiterhin fallen einzelne Zwischenhandelsstufen weg, da nun Käufer und Verkäufer direkt kommunizieren können. Dieses Vorkommen führt dazu, dass die Transparenz und die Konkurrenz des Preises steigen und die Käufer sich auf weniger Verkäufer konzentrieren. Besonders stationäre Anbieter stehen vor der Herausforderung, sich mit der Online-Konkurrenz auseinanderzusetzen, um nicht verdrängt oder sogar ersetzt zu werden.[13] Der Kunde hat somit mehr Einfluss und Übersicht auf den Markt denn je. Gleichermaßen steht er im Mittelpunkt jedes Unternehmens, denn nur wer seine Kunden kennt, kann zielgenau dessen Bedürfnisse befriedigen und eine Kundenbeziehung pflegen.[14]

Der unbestrittene Marktführer im E-Commerce ist *Amazon*. Im Jahr 2018 erreichte der Onlinehandel einen weltweiten Umsatz von 64,9 Milliarden Euro.[15] Mit verschiedenen Besonderheiten wie dem *Prime Shipping* sorgt *Amazon* für eine erfolgreiche Kundenloyalität dem Unternehmen gegenüber. Weiterhin verbindet *Amazon* andere Anbieter, wie Unternehmen und Privatpersonen, durch einen Marktplatz, auf welchem das eigene Sortiment vertrieben werden kann. Der Erfolg liegt mittlerweile nicht mehr lediglich im Onlinehandel, sondern auch in Bereichen wie Streaming und Logistik. Um mit dem Zuwachs von neuen Technologien weiterhin den Kunden und dessen Bedürfnisse verfolgen zu können, positionierte sich das Unternehmen zudem im Bereich Sprachassistenten.[16] Im folgenden Kapitel wird beschrieben, was Sprachassistenten sind.

---

[11] Vgl. Riehm et al. [2003], S. 11.
[12] Vgl. Cole [2015], S. 49.
[13] Vgl. Breyer-Mayländer [2017], S. 130 ff.
[14] Vgl. Cole [2015], S. 56.
[15] Vgl. Statista [2019], o. S., siehe Anhang 1.
[16] Vgl. Graf/Schneider [2017], S. 236 f.

2.2 Sprachassistenten

Ein Sprachassistent „[...] ist ein Dialogsystem, das Anfragen der Benutzer beantwortet und Aufgaben für sie erledigt, in privaten und wirtschaftlichen Zusammenhängen."[17] Es handelt sich demnach um eine Software, welche Sprache analysiert und darauf in Form von Antworten oder Handlungen reagiert. Sprachassistenten sind in Smartphones oder Smart Speakern eingebaut und durchleben aktuell einen Trend aufgrund ihrer einfachen Bedienung.[18] Das Verstehen, Verarbeiten und Analysieren von natürlicher Sprache basiert auf künstlicher Intelligenz (KI). Künstliche Intelligenz ist heute Bestandteil von vielen Softwares und beschreibt Techniken, die Aufgaben lösen, für die aus menschlicher Sicht Intelligenz gefordert wird.[19] Bedeutend für die KI ist die Fähigkeit, mit der Zeit zu lernen. Bestimmte Muster und Kontexte der Nutzer können erkannt und in Zusammenhang gebracht werden und daraufhin kann sich der Assistent daran anpassen und aus vorherigen Fehlern lernen.[20] Der Fachbegriff dafür, dass die künstliche Intelligenz Erfahrungen in Wissen umwandelt, nennt man Machine Learning beziehungsweise auf Deutsch maschinelles Lernen. Es stellt einen Teil der KI dar und basiert auf Algorithmen und gesammelten Daten.[21]

Der Fachbegriff für die Schnittstelle zur Steuerung mit Sprache lautet Voice User Interface (VUI).[22] Sie wird zudem als Conversational Interface bezeichnet. Dieser Begriff schließt alle Formen der sprachbasierten digitalen Assistenten ein, demnach auch textbasierte Assistenten. Durch die Verwendung von Sprache sind die Sprachassistenten für den Menschen natürlicher als grafische Benutzeroberflächen, welche mit Maus und Tastatur gesteuert werden.[23] Es besteht eine Verwandtschaft zwischen Sprachassistenten und sogenannten Chatbots, welche oft nur textueller Natur sind. Weiterhin sind die meisten Sprachassistenten im Vergleich zu Chatbots nicht grafisch erweitert, was bedeutet, dass sie nicht visuell durch beispielsweise einen Avatar repräsentiert werden.[24]

---

[17] Bendel [2018], o. S.
[18] Vgl. Wendel [2019], o. S.
[19] Vgl. Gründerszene 1 [o. J.], o. S.
[20] Vgl. Udluft [2018], S. 7 f.
[21] Vgl. Luber [2016], o. S.
[22] Vgl. Amazon 1 [o. J.], o. S.
[23] Vgl. Anke/Fischer/Lemke [2019], S. 27.
[24] Vgl. Bendel [2018], o. S.

Die synthetische Stimme der Sprachassistenten geht auf eine lange Geschichte der Sprachsynthese bis in das 18. Jahrhundert zurück. Heute wird versucht, sowohl menschliche Ausdrücke zu kopieren als auch Stimmen durch die Zunahme von Imperfektionen, wie Füllwörtern, besonders echt wirken zu lassen.[25] Es wird jedoch vorausgesagt, dass Sprachassistenten irgendwann auf eine Akzeptanzlücke treffen werden. Diese Vorhersehung wird *Uncanny Valley* genannt, übersetzt das *unheimliche Tal*. Es beschreibt die Veränderung von Empathie zu Abscheu, wenn die künstliche Intelligenz zu menschenähnlich wird.[26] Alle Sprachassistenten, die aktuell auf dem Markt zu finden sind, zeichnen sich durch eine weibliche Sprechstimme aus. Dies liegt daran, dass von sowohl weiblichen als auch männlichen Nutzern eine feminine Stimme als sympathischer wahrgenommen wird. Außerdem kann sich die Stimme durch die höheren Töne besser von der Umgebung abgrenzen.[27]

Sprachassistenten spielen auch im Bereich Smart Home eine Rolle. Unter Smart Home wird die Vernetzung von Eingabegeräten mit Ausgabegeräten verstanden. Eingabegeräte können Tablets, Smartphones oder Sprachassistenten sein und Endgeräten beispielsweise Haushaltsgeräte, Lampen, Heizungen oder Rollläden. Durch die Eingabegeräte können die Endgeräte gesteuert, sowie individuell angepasst werden. Ein Zuhause, das diese intelligenten Technologien anwendet, kann den Energieverbrauch senken, die Sicherheit im Haus steigern und generell mehr Wohnqualität und Komfort ermöglichen.[28]

Sprachassistenten sollen den Alltag der Verbraucher durch zunehmende Bequemlichkeit bereichern, denn die größten Vorteile der Assistenz sind die Möglichkeiten, freihändig Befehle zu geben, Zeit zu sparen und aus weiter Entfernung Gegenstände zu steuern.[29]

In dieser Arbeit werden folgende Sprachassistenten aufgrund ihres hohen Aufkommens thematisiert: *Alexa* von *Amazon*, *Siri* von *Apple*, *Google Assistant* von *Google*, *Cortana* von *Microsoft* und *Bixby* von *Samsung*.

---

[25] Vgl. Bendel [2018], o. S.
[26] Vgl. Gründiger et al. [2019], S. 14.
[27] Vgl. Gründiger et al. [2019], S. 7 f.
[28] Vgl. Verbraucherzentrale [2017], o. S.
[29] Vgl. Gründiger et al. [2019], S. 7 f.

2.2.1 Sprachassistenten über Smartphones

Der steigende Erfolg von Sprachassistenten kam mit der Einführung des *Apple* Smartphones *iPhone 4S* im Jahr 2011, welches zugleich den Assistenten *Siri* im Betriebssystem eingebaut hatte und folglich auf den Markt brachte.[30] Sprachassistenten sind meist auf dem Smartphone vorinstalliert und lassen sich oft gar nicht oder nur schwer deinstallieren. Sobald das Aktivierungswort des Sprachassistenten ausgesprochen wurde, wird das Gesprochene über das Internet an einen Server des jeweiligen Herstellers gesendet. Dafür ist eine aktive Internetverbindung notwendig. Eine Software analysiert daraufhin die Frage oder den Befehl des Nutzers und erstellt ein Ergebnis, welches zurück an den Nutzer gesendet wird. Dieser hört dann entweder eine Antwort auf seine Frage oder die gewünschte Handlung wird ausgeführt.[31]

2.2.2 Sprachassistenten über Smart Speaker

Um die Software des Sprachassistenten nicht ausschließlich auf dem Smartphone nutzen zu können, sondern auch jederzeit zu Hause, haben einige Anbieter eigene Geräte, sogenannte Smart Speaker, entwickelt. Diese Smart Speaker treten in verschiedenen Formen von Lautsprechern auf, stehen beispielsweise im Wohnzimmer und sind mit dem Internet verbunden. Grundsätzlich ist auf solch einem Gerät bereits der eigene Sprachassistent des Herstellers installiert.[32] Der Autor *Michael Jaekel* beschrieb das Verhältnis zwischen Sprachassistent und Smart Speaker im Jahr 2017 wie folgt: „Bezogen auf digitale Plattformen stellen die virtuellen Sprach-Assistenten die Erweiterung der Plattformen dar und die Geräte wie Echo die materielle Umgebung."[33] Daraus lässt sich ableiten, dass der Sprachassistent *Alexa* von *Amazon* auf dem Gerät *Echo* von *Amazon* implementiert ist. Genauso besteht der *Google Assistant* auf dem *Google Home* Gerät und *Siri* auf dem *HomePod* von *Apple*.[34] Ähnlich wie bei dem Smartphone bereits angedeutet funktioniert auch der Sprachassistent auf einem Smart Speaker. Das Gesprochene wird über den Smart Speaker an die Plattform des zugehörigen Sprachassistenten gesendet. Die Sprache wird dort in Text umgewandelt. Dies erfolgt durch das sogenannte Natural-Language-

---

[30] Vgl. Gründiger et al. [2019], S. 3.
[31] Vgl. BfDI [2017], S. 1 f.
[32] Vgl. Melchior [2019], o. S.
[33] Jaekel [2017], S. 245.
[34] Vgl. Gründiger et al. [2019], S. 5.

Processing (NLP). Das Interaction Model, welches sich ebenda befindet, hat die Aufgabe, den Text auszuwerten. Der umgewandelte und ausgewertete Text wird daraufhin an die Serveradresse des Herstellers gesendet, wo die Logik der Funktion hinterlegt ist und die Daten verarbeitet werden. Die aufbereiteten Daten werden zurück an die Plattform des Sprachassistenten gesendet. Die Software ändert den Text wieder in Audio und schließlich wird die Antwort durch den Smart Speaker wiedergegeben. Der sogenannte Skill beschreibt die Fähigkeit des Sprachassistenten. Eine derartige Fähigkeit besteht aus zwei Teilen, dem Voice-User-Interface-Frontend (VUI-Frontend) und dem Voice-User-Interface-Backend (VUI-Backend).[35] In der folgenden Abbildung ist der eben beschriebenen Ablauf anhand des Beispiels *Alexa* mit dem Smart Speaker *Echo* von *Amazon* zu sehen. In schwarz abgebildet ist der *Echo* Lautsprecher von *Amazon*. Die blaue Wolke in der Mitte stellt das VUI-Frontend mit der *Alexa*-Plattform und dem Interaction Model dar. Der Server mit Skill Logik rechts außen stellt die zweite Komponente dar, den VUI-Backend. In Form von Pfeilen ist der Verlauf von der Eingabe des Sprachbefehls bis zur Ausgabe der Antwort visuell dargestellt.[36]

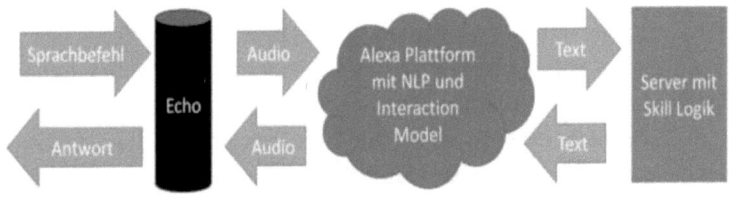

Abb. 1: Funktionsweise *Amazon Echo* mit *Alexa*
(Quelle: Wölk [2016], o. S.)

2.2.3 Skills für Sprachassistenten

Um den Sprachassistenten auf die jeweiligen Bedürfnisse des Nutzers anzupassen, können sogenannte Skills dem Sprachassistenten hinzugefügt werden. Skills sind Fähigkeiten, die von Entwicklern kreiert werden und bei Sprachassistenten angewandt werden können.[37] Sie werden oft mit Apps für Smartphones verglichen.

---

[35] Vgl. Wölk [2016], o. S.
[36] Vgl. Wölk [2016], o. S.
[37] Vgl. Amazon 2 [o. J.], o. S.

Meist sind die Entwickler der Skills nicht dem Hersteller zugehörig, sondern Hobby-Entwickler oder Entwickler von anderen Unternehmen, die beispielsweise eine App haben, mit der sie den Sprachassistenten durch einen Skill verknüpfen möchten. Hier hat zum Beispiel ein Lieferservice die Möglichkeit, dem Nutzer mit einem Skill die Bestellung über Sprachsteuerung zu bieten. Im Jahr 2018 gab es bereits mehr als 50.000 Skills von über 3500 Marken.[38] Manche Hersteller belohnen die externen Entwickler von Skills mit Geschenken und bei einer besonders hohen Nutzung des Skills sogar mit Geld. Dementsprechend hoch ist das Aufkommen von Skills, die von Hobby-Entwicklern erstellt wurden, um sich an einem Erfolg zu versuchen. Ein sehr erfolgreicher und simpler Skill ist beispielsweise der Abfallkalender, welcher dem Nutzer mitteilt, wann welche Abfalltonne auf die Straße gestellt werden muss. Zu beachten beim Design eines Skills sind unter anderem ein einheitliches und natürliches Sprachbild, kurze Antworten und die reibungslose Führung des Nutzers durch den Skill.[39]

Ein Skill für einen Sprachassistenten besteht, wie bei der Funktionsweise von Smart Speakern bereits erklärt, aus zwei Komponenten. Zum einen dem VUI-Frontend, welcher in der Plattform die Sprache auswertet. Auf der anderen Seite steht der VUI-Backend, bei dem die Logik des Skills hinterlegt ist. Wichtig bei der Entwicklung des Skills ist es, viele Antwortmöglichkeiten zu bedenken, denn Menschen formulieren Sätze unterschiedlich und drücken sich auf verschiedenste Weisen aus.[40] Durch den Skill sollte der Sprachassistent am Ende flüssige und logische Dialoge mit dem Nutzer führen können. Trotz des Vergleichs mit Apps auf Smartphones, können Apps nicht einfach zu Skills umgewandelt werden. Denn das Design von Applikationen für das Sehen und das Tippen ist ein anderes als das für die Sprache. Deshalb sollte der Entwurf mit Konzentration auf die Sprachsteuerung neu gestaltet werden. Um in einem Onlineshop für Skills zu erscheinen, muss der jeweilige Skill in Bezug auf Name, Konzept und Interaktion gewisse Richtlinien einhalten, um schließlich eine Zertifizierung für den Shop zu bekommen und von Nutzern der Sprachassistenten geöffnet und angewandt werden zu können. Für die Entwicklung eines Skills inklusive aller Phasen kann ein Unternehmen mit einem Budget von etwa 15.000 Euro rechnen.[41]

---

[38] Vgl. Pietras [2019], o. S.
[39] Vgl. Frommelt/Sorna/Dzierzon [2018], o. S.
[40] Vgl. Wölk [2016], o. S.
[41] Vgl. GS1 Germany [2018], S. 14.

2.3 Voice Commerce

Voice Commerce bezeichnet die Kombination aus Sprachassistenten und dem Onlinehandel und ist somit im Hinblick auf die Leitfrage der wichtigste Begriff dieser Arbeit. Voice Commerce ist ein Teil des Conversational Commerce, also des Onlinehandels über verschiedene Konversationskanäle. Dabei unterscheidet sich Voice Commerce vom Conversational Commerce dadurch, dass ausschließlich Sprache verwendet wird und keine Textkommunikation. Der Nutzer interagiert beim Voice Commerce mit dem Sprachassistenten über das Smartphone oder über den Smart Speaker mit dem Ziel des Kaufs eines Produktes oder einer Dienstleistung bei einem Onlinehändler.[42] Durch den Einsatz der natürlichen Sprache verändern sich einige Aspekte für den E-Commerce. Voice Commerce befindet sich noch am Anfang der Entwicklung, weswegen es aktuell ein geringes Angebot gibt und nur bestimmte Produkte über die Sprachsteuerung erworben werden.[43] Wie der aktuelle Stand im Voice Commerce aussieht und welche Schwierigkeiten bestehen werden unter anderem im folgenden Kapitel behandelt.

---

[42] Vgl. Melchior [2019], o. S.
[43] Vgl. Isheim [2018], o. S.

3 Aktueller Einsatz von Sprachassistenten

Dieses Kapitel befasst sich mit dem aktuellen Einsatz von Sprachassistenten, welches den Status Quo des Themas definieren soll, um darauf aufbauend im folgenden Teil Zukunftspotenziale zu erarbeiten. Hierfür wird zunächst die aktuelle Nutzung von Sprachassistenten beschrieben, wobei auch der gegenwärtige Stand von Voice Commerce erfasst wird. Daraufhin werden aktuelle Schwierigkeiten, Probleme, Fehler von Sprachassistenten und dessen Folgen erklärt. Letztlich werden die fünf ausgewählten Sprachassistenten definiert und untereinander verglichen, um sich einen Überblick über die aktuellen Anbieter zu verschaffen und um festzustellen, welcher Sprachassistent in welchem Bereich als Vorreiter dieser Branche gilt.

3.1 Nutzung von Sprachassistenten

In den folgenden Monaten nach der Einführung des *Google Home Mini* verkaufte das Unternehmen *Google* mehr als einen Smart Speaker pro Sekunde. Zur Weihnachtszeit im Jahr 2017 verkaufte *Amazon* circa 20 Millionen *Alexa* Smart Speaker. In Deutschland wurde die zweistellige Millionengrenze an Smart Speakern bereits überschritten. Die Bequemlichkeit, Natürlichkeit und Einfachheit in der Steuerung der Sprachassistenten sind als Vorteile der Nutzung in der Gesellschaft angekommen. Die unsichtbaren Butler helfen Nutzern, ihr Leben komfortabler zu gestalten.[44]

Laut der Studie *Deutschland, deine Sprachassistenten* der *Dualen Hochschule Baden-Württemberg* in Kooperation mit der Performance-Agentur *Quisma* aus dem Jahr 2018 sprechen 34 Prozent der Studienteilnehmer täglich und 38 Prozent mehrmals in der Woche mit dem Sprachassistenten. Bei dieser Studie wurden 1065 Teilnehmer online zu Sprachassistenten befragt. Die Vorteile an den digitalen Assistenten sehen die Befragten darin, nicht mehr selbst zu tippen, mehreres gleichzeitig erledigen zu können und in der freihändigen Kommunikation. Die Studie macht zusätzlich den Zusammenhang zwischen Sprachsteuerung und Smart Home deutlich. Denn 60 Prozent der Nutzer verfügten zuerst über Smart Home Geräte, bevor sie einen Smart Speaker anschafften. Die Frage nach der Verbreitung der Geräte stellt *Amazons Alexa* mit 43 Prozent an die erste Stelle, gefolgt vom *Google Assistant* mit 25 Prozent. Darauf folgen *Siri* und *Cortana*. Die Steuerung der Smart Speaker

---

[44] Vgl. Gründiger et al. [2019], S. 3.

erfolgt bei 73 Prozent der Teilnehmer in der Küche, bei 72 Prozent im Auto und bei 60 Prozent im Schlafzimmer.[45]

Die Nutzung von Sprachassistenten kann generell in drei Rubriken unterteilt werden. Zum einen Voice Search, demnach das klassische Suchen nach Informationen mit der Stimme. Zum anderen Experience Enhancer, wo es darum geht, die sogenannte Customer Experience, also die Erfahrungen der Nutzer mit dem Sprachassistenten zu bereichern und verbessern. Der Fokus dieser Thesis liegt auf dem dritten Bereich, Voice Commerce, dem Kauferlebnis mit Sprachassistenten.[46]

Sprachassistenten werden aktuell für eher einfachere Tätigkeiten verwendet. Eine repräsentative Studie von *Statista* zeigt die verschiedenen Verwendungsarten der Sprachassistenten unter den Nutzern. 70 Prozent der Anwender nutzen den Sprachassistenten für das Abfragen von Nachrichten, dem Wetter oder der Verkehrsmeldungen. Das Abspielen von Medien wie Musik ist bei 58 Prozent der Nutzer beliebt. Weiterhin nutzen 42 Prozent ihren Assistenten für organisatorische Regelungen, 34 Prozent für allgemeine Kommunikation wie Anrufe und Textnachrichten und 30 Prozent für Smart Home Anwendungen wie beispielsweise das Steuern von Lampen.[47] Außerdem können Sprach-assistenten für viele weitere Aktionen genutzt werden, wie das Einstellen von Wecker, Timer oder das Erzählen eines Witzes. Durch die Möglichkeit des Programmierens von Skills durch Drittanbieter sind den lernenden Assistenten kaum Grenzen gesetzt.[48]

Am meisten werden Sprachassistenten von jungen Menschen zwischen 18 und 34 Jahren genutzt. In der Altersklasse zwischen 35 und 54 werden die Assistenten von 26 Prozent manchmal bis häufig genutzt. Letztlich verwenden 19 Prozent der Menschen ab 55 und älter einen Sprachassistenten.[49]

---

[45] Vgl. Pressebox [2018], o. S.
[46] Vgl. Kahnt/Kohn/Schmidt [2018], S. 64.
[47] Vgl. Nextmedia.Hamburg [2018], o. S.
[48] Vgl. Gründiger et al. [2019], S. 6.
[49] Vgl. Gründel [2018], o. S.

Insbesondere für junge Menschen ist es nicht unbekannt, über Apps wie *WhatsApp* mit Sprache zu kommunizieren. Hier werden über das Smartphone Sprachnachrichten diktiert und versendet oder es wird mit Sprachassistenten interagiert. Mindestens einmal haben 87 Prozent der 14 bis 19 Jährigen einen Sprachassistenten genutzt.[50]

In der folgenden Abbildung zwei ist eine Tabelle der beliebtesten drei Voice-Nutzungen im Tagesverlauf eines Nutzers zu sehen. Die Tabelle teilt einen Tag anhand der Uhrzeiten in verschiedene Spalten der beispielhaften Nutzung von Sprachassistenten auf. Die Zeilen teilen die Platzierungen der Tätigkeiten zwischen eins und drei auf. Die letzte Zeile zeigt die Intentionen der Nutzer. Diese sind kategorisiert in Information, Produktivität, Essen, Unterhaltung und Abschalten. Aus dieser Grafik wird deutlich, wie vielfältig und individuell angepasst auf verschiedene Tageszeiten und Lebenslagen der Nutzer Sprachassistenten verwenden kann und auch bereits verwendet. Die Sprache kann über den Tag verteilt zur Erleichterung des Alltags genutzt werden. Morgens widmet sich der Nutzer den Informationen, welche ihn den Tag über begleiten um sich zum Beispiel auf das Wetter, das Weltgeschehen oder den Verkehr vorzubereiten. Tagsüber, während der Arbeitszeit, kann der Sprachassistent dem Nutzer bei der Produktivität durch organisatorische Aktionen helfen. Zur Essenszeit kann der Assistent kreativ in der Küche beistehen oder Inspirationen geben. Im Bereich der Unterhaltung bietet der digitale Assistent Spiele und Geschichten, sowie auch das Versenden von Nachrichten. Letztlich kann der Nutzer vor dem Schlafen mit dem Sprachassistenten beispielsweise das Licht mit vernetzten Smart Home Geräten ausschalten, den Wecker für den nächsten Tag stellen oder ein Hörbuch hören.[51]

---

[50] Vgl. Gründiger et al. [2019], S. 4.
[51] Vgl. Kahnt/Kohn/Schmidt [2018], S. 65.

Top 3 der möglichen Voice-Nutzung im Tagesverlauf					
	5-9 Uhr	9-17 Uhr	17-19 Uhr	19-21 Uhr	21-24 Uhr
#1	Verkehrsinfos	Anrufe	Restaurant suchen	Spiel & Unterhaltung	Smart-Home-Steuerung
#2	Wetterprognose	To-do-Liste pflegen	Rezepte finden	Nachrichten verschicken	Hörbücher
#3	Nachrichten	Einkaufsliste pflegen	Essen bestellen	Gute-Nacht-Geschichten	Wecker stellen
Intention	Information	Produktivität	Essen	Unterhaltung	Abschalten

Abb. 2: Top 3 der möglichen Voice-Nutzungen im Tagesverlauf
(Quelle: Kahnt/Kohn/Schmidt [2018], S. 65.)

Ergebnisse aus Großbritannien zeigen ähnliche Nutzungsverhaltensweisen der Besitzer von Smart Speakern. Eine Fallstudie beschäftigt sich mit *Jeremy* aus Großbritannien. Er ist 40 Jahre alt und arbeitet als Berater in der Politik. Er besitzt zwei Smart Speaker, ein *Google Home Mini* steht im Schlafzimmer und ein großer *Google Home* Lautsprecher im Wohnzimmer. *Jeremy* startet seinen Tag, indem der Sprachassistent ihn mit einem Alarm weckt und hört sich daraufhin über das Gerät aktuelle Nachrichten an oder startet einen Podcast. Danach hört er Radio über den Smart Speaker im Wohnzimmer. Unterwegs und auf der Arbeit nutzt *Jeremy* lediglich sein Smartphone und seinen Laptop, er telefoniert oder hört ebenfalls Radio. Abends nutzt er den Sprachassistenten weiterhin um Musik zu hören oder auch um Produkte seiner Einkaufsliste hinzuzufügen und Käufe zu tätigen. Als letztes vor dem Schlafen fragt *Jeremy* den *Google Assistant* nach den Kalendereinträgen für den nächsten Tag. Zusammenfassend sagt *Jeremy*, dass er seit dem Besitz von Sprachassistenten weniger Fernsehen schaut und informierter durch die Verwendung von unterschiedlichen und vielfältigen Quellen ist.[52]

Die Einstellung gegenüber Sprachassistenten ist generell gesehen weitestgehend offen. Die bereits erwähnte Studie von *Statista* zeigt hier, dass 58 Prozent der Teilnehmer dem technischen Wandel und der Kommunikation mit künstlicher Intelligenz positiv gestimmt sind. Die deutsche Bevölkerung kann sich vorstellen, mit den Assistenten zu interagieren. Dennoch sehen 70 Prozent der Nutzer die Kommunikation mit Sprachassistenten als ungewohnt und lediglich 24 Prozent beschreiben

---

[52] Vgl. Newman [2018], S. 17.

die Kommunikation als normal.[53] Einige Unternehmen sind auf den Sprachassistenten in Form von Skills bereits vertreten. So kann der Anwender mit dem Skill des Lebensmitteleinzelhandels *Rewe* Ideen zu Rezepten bekommen oder aktuelle und standortspezifische Informationen zu Aktionen und Rabatten. Die Parfümerie *Douglas* bietet den Skill der Duftberatung: Der Nutzer kann durch das Beantworten von fünf Fragen eine Empfehlung für einen Duft bekommen.[54] Zudem ist die katholische Kirche bereits im Skill-Set von *Amazons Alexa* vertreten. Hier kann der Anwender dem Sprachassistenten ein Gefühl oder einen Gedanken mitteilen. Daraufhin reagiert *Alexa* mit einem passenden Denkanstoß aus der Bibel.[55]

Mit Einwilligung der Betroffenen wurde *Alexa* auch schon in einem besonderen Fall zur Aufklärung eines Mordfalls genutzt.[56] Das Unternehmen *Nestlé* begleitet den Nutzer durch einen *Alexa*-Skill beim Kochen und die Marke *Johnny Walker* kooperiert mit *Google Assistant* in Form eines Whiskey Tastings. *National Geographic* beschäftigt sich hingegen mit ernstzunehmenden Themen und bietet US-Veteranen mit Hilfe einer *Google* App sprachliche, psychologische Unterstützung, die zu jeder Zeit zugänglich ist.[57] Aktuell versuchen Unternehmen Aufmerksamkeit durch Unterhaltungsmaßnahmen zu generieren, da es wirkliche Werbemöglichkeiten noch nicht gibt. Hier ist beispielsweise der Fernsehsender *Fox* zu nennen, der mit einem Spiel auf eine neue Serie aufmerksam machte. Über den Sprachassistenten *Alexa* konnte der Nutzer interaktiv in 24 Sekunden eine Aufgabe bewältigen. Dieses Spiel sollte Werbung in Anlehnung an die neue Serie von *Fox* namens *24 Legacy* machen.[58]

Weitestgehend werden Sprachassistenten wie bereits dargestellt aktuell für banalere Aufgaben verwendet. Es besteht zudem bereits ein diverses Angebot von Skills für Kinder. Hier können beispielsweise kindgerechte Geschichten abgespielt werden oder mit Spielen zum Lernen angeregt werden.[59] Die deutsche *Tagesschau* ist bei dem Sprachangebot außerdem vertreten. Mit einem 100-Sekunden Nachrichten-Skill für *Amazon's* Sprachassistent *Alexa* und dem Befehl „*Alexa*, starte

---

[53] Vgl. Nextmedia.Hamburg [2018], o. S.
[54] Vgl. GS1 Germany [2018], S. 12.
[55] Vgl. Gründiger et al. [2019], S. 14.
[56] Vgl. Gründiger et al. [2019], S. 10.
[57] Vgl. Werner [2018], o. S.
[58] Vgl. T3n [2017], o. S.
[59] Vgl. Flaig [2018], o. S.

Tagesschau", erreicht die *ARD* viele Nutzer, da dieser Skill für *Alexa* bereits vorinstalliert ist. Die Zeitung *Die Zeit* positioniert sich ebenfalls im Hinblick auf Sprachsteuerung. Auch sie bietet Nachrichten und Nachrichten-Podcasts an. *Die Zeit* richtet ihren Fokus dabei mehr auf Hintergrundgeschichten und individuelle Perspektiven auf Geschehnisse.[60]

Zusätzlich werden vereinzelt bereits Sprachassistenten am Point of Sale, also vor Ort in den Läden, eingesetzt. Der Hosenhersteller *Alberto* hat beispielsweise in einem erlebnisfokussiertem Laden einen Sprachassistenten zur Beantwortung von Fragen von Kunden zu den Produkten eingesetzt. Darüber hinaus hat die Kosmetikmarke *L.O.V.* in ihrem Laden bereits einen Spiegel eingesetzt, welcher mit einem Sprachassistenten ausgestattet war. Der Kunde konnte den Spiegel mit Worten steuern und sich beraten lassen.[61]

Aufgrund der Praktikabilität der Sprachassistenten steigt ihre Beliebtheit stetig. Die Nutzung von Sprachassistenten für den Kauf von Waren oder Dienstleistungen steht jedoch noch am Anfang der Möglichkeiten. Im Jahr 2017 haben lediglich 17 Prozent der Nutzer Sprachassistenten für den Zweck des Kaufs verwendet. Das liegt hauptsächlich an dem geringen Angebot von Kaufmöglichkeiten mit Sprachassistenten.[62]

Das direkte Bestellen von Waren ist mit *Amazon's* Sprachassistent *Alexa* möglich. Um diesen Service nutzen zu können, muss eine *Prime*-Mitgliedschaft bei *Amazon* bestehen. Weiterhin muss der Nutzer eine deutsche Rechnungs- und Lieferanschrift besitzen, ein deutsches Bankkonto, sowie letztlich einen *Echo* Smart Speaker von *Amazon*. Aktuell sind nur Produkte lieferbar, die in die *Prime*-Kategorie fallen. Der Nutzer bestellt per Sprache ein Produkt und bekommt von dem Sprachassistenten Details wie Name, Preis oder gegebenenfalls die Lieferzeit mitgeteilt. Daraufhin kann die Bestellung bestätigt oder abgebrochen werden. Der Kunde erhält danach eine schriftliche Bestätigung zur Gültigkeit des Kaufvertrags per E-Mail. Falls in der Bestellanfrage keine Marke genannt wird, schlägt der Sprachassistent ein Produkt aus *Amazon's Choice* vor. Dem Kunden wird demnach ein Produkt oder eine Marke von *Amazon's* Website angeboten, die das Unternehmen bevorzugt. Eine Stornierung der Bestellung kann ebenso per Sprachbefehl erfolgen.[63] In den

---

[60] Vgl. Newman [2018], S. 35 f.
[61] Vgl. GS1 Germany [2018], S. 12.
[62] Vgl. Isheim [2018], o. S.
[63] Vgl. Wendel [2017], o. S.

USA wurden bereits indirekte Formen des Kaufs umgesetzt. Sprachgesteuert kann der Kunde beispielsweise über das *Echo* Gerät eine Bestellung bei der *Starbucks Coffee Company* aufgeben und daraufhin in einer Filiale abholen.[64]

Aus einem Interview mit *Christian Bärwind*, dem *Industry Leader Retail* bei *Google*, geht hervor, dass Unternehmen schon jetzt mit dem *Google Assistant* Transaktionen ermöglichen können. Dies funktioniert über Programmierungsschnittstellen für Transaktionen, welche für Unternehmen zur Anwendung zur Verfügung stehen. Der englische Begriff hierfür ist Transaction Application Programming Interfaces, kurz Transaction-APIs. Einige Unternehmen setzen dies bereits um. *Car2Go* bietet das Suchen und Reservieren eines Autos oder *Flixbus* den Kauf von Fahrkarten per Sprachsteuerung an. Ebenso ermöglichen Unternehmen wie *Foodora, Edeka, Otto* oder *Media Markt* aktuell einen Bestellvorgang über den *Google Assistant*.[65] Generell lässt sich zum Thema Voice Commerce sagen, dass sich 39 Prozent der Nutzer für den Kauf per Sprachsteuerung interessieren. Jedoch finden es Nutzer derzeit noch vorteilhafter, das Produkt vor dem Kauf online oder offline betrachten zu können.[66] Dieser Punkt lässt bereits aktuelle Schwierigkeiten der Branche durchblicken. Worin die Nutzungsschwierigkeiten von Sprachassistenten im Moment liegen und welche Probleme bereits verursacht wurden, wird im folgenden Abschnitt behandelt.

---

[64] Vgl. GS1 Germany [2018], S. 12.
[65] Vgl. GS1 Germany [2018], S. 16.
[66] Vgl. Gründiger et al. [2019], S. 7.

3.2 Schwierigkeiten bei der Nutzung von Sprachassistenten

„Ob Smartspeaker einmal zu weitverbreiteten Schaltzentralen und zu echten Game Changern im Verbraucheralltag werden, erscheint derzeit offen. Aktuell dominieren noch Zweifel an deren Nützlichkeit und auch die Furcht, damit in der häuslichen Umgebung ausspioniert zu werden."[67]

Dieses Zitat des Geschäftsführers *Thomas Donath* des Marktforschungsinstituts *Nordlight Research* gibt einen Hinweis auf die schwerwiegendsten Gründe gegen den Kauf eines Sprachassistenten. Diese sind unter anderem die Angst des Mithörens durch den Smart Speaker und damit die Nichteinwilligung in das Sammeln von Daten, sowie auch generell keine Notwendigkeit für einen Assistenten.[68] Da die digitalen Assistenten immer auf ein Aktivierungswort warten, hören sie ständig allen Geräuschen zu. Außerdem werden alle nach dem Aktivierungswort gesprochenen Wörter auf den Servern der Anbieter gespeichert. Diese Datensammlung rechtfertigt *Amazon* beispielsweise damit, dass ihr Sprachassistent *Alexa* dadurch lernen und sich verbessern kann.[69] Dennoch schätzen 38 Prozent der Nichtnutzer und 22 Prozent aller Nutzer die private Dateneingabe als unsicher ein. Mehr als die Hälfte der Nichtnutzer zieht die Nutzung von Sprachassistenten erst in Betracht, wenn die Datensicherheit garantiert ist.[70] Dabei sind alle aufgenommenen Wörter nach dem Signalwort in der zugehörigen App löschbar und zudem ist per Knopfdruck eine vollständige Deaktivierung des Mikrofons des Smart Speakers möglich. Weiterhin unterliegt der Datenschutz seit der *EU-Datenschutzgrundverordnung (DSGVO)* vom Mai 2018 strengen Regelungen. Die Nutzer müssen seitdem darüber informiert werden, welche Daten gesammelt werden und zu welchem Zweck sie gesammelt werden. Des Weiteren gewährleistet die *DSGVO* den Zugriff und das Löschen der privaten Daten. Bei Verstößen müssen die Unternehmen mit ernstzunehmenden Bußgeldern rechnen.[71] Allerdings lässt sich durch den illegalen Angriff auf das System von sogenannten Hackern im Ernstfall darauf schließen, wann jemand in der Wohnung ist oder wo und wann ein Auto geparkt wurde. Auch vor Daten Dritter, welche unbewusst aufgezeichnet wurden, macht der Sprachassistent keinen Halt

---

[67] T3n [2019], o. S., zitiert nach Donath [o. J.], o. S.
[68] Vgl. T3n [2019], o. S.
[69] Vgl. Frommelt/Sorna/Dzierzon [2018], o. S.
[70] Vgl. Pressebox [2018], o. S.
[71] Vgl. Gründiger et al. [2019], S. 9.

und speichert diese.[72] Hacker finden Lücken in Systemen und können daraufhin Veränderungen vornehmen. Sie können auf illegale Weise in Computer eindringen, Sicherheitsmechanismen überwinden und Daten klauen. Dadurch machen Hackerangriffe aufmerksam auf Schwachstellen der Sicherheitsvorkehrungen.[73]

Doch nicht nur der Datenschutz gibt Bedenken. Viele Sprachassistenten haben Schwierigkeiten beim Verständnis der Sprache. Die Sprachsteuerung funktioniert nicht reibungslos, da sich jeder Mensch sprachlich anders ausdrückt. Besonders problematisch ist das Verständnis von Dialekten und Akzenten. Bei der Sprachsteuerung im Auto kann ein Missverständnis zwischen Fahrer und digitalem Assistent zu einem ernstzunehmenden Problem werden. Überdies gibt es einige Situationen, in denen der korrekte Wortlaut von hoher Bedeutung ist. Besonders bei Namen oder Adressen in Formularen im Hinblick auf das Thema Voice Commerce.[74] Immerhin würden 14 Prozent aller Befragten der *Quisma*-Studie ohne Sprachassistenten, einen verwenden wollen, wenn sie Dialekte verstehen würden.[75]

Als bedenklich wird der Umgangston mit dem Sprachassistenten gesehen. Die Befehlsform im Imperativ, mit der Sprachassistenten gesteuert werden, kann sich auf die Kommunikation und den zwischenmenschlichen Umgang von sowohl Erwachsenen als auch Kindern auswirken.[76] Aktuell ist den meisten Anwendern in einer Situation bewusst, dass sie mit einem Sprachassistenten und keinem Menschen kommunizieren. Mit Entwicklung der Technologie kann sich dieses Verhältnis wandeln und dem Nutzer wird es nicht mehr bewusst sein, außer der Sprachassistent macht dies, beispielsweise in Form einer roboterhaften Stimme, explizit deutlich.[77]

Ferner verwendet der Hauptteil der Nutzer den Sprachassistenten lediglich zu Hause und empfindet es als unhöflich oder auch störend, wenn eine Person in der Öffentlichkeit mit dem Assistenten agiert. Eine Hürde, den Sprachassistenten in der Öffentlich zu nutzen, ist zudem, dass Anwender oftmals persönliche Daten oder Informationen nicht vor Fremden, zum Beispiel in der Bahn oder im Restaurant, äußern möchten. Außerdem ist das Lesen oder Überfliegen von einem Text auf dem Smartphone oft viel schneller und einfacher als sich etwas vorlesen zu lassen,

---

[72] Vgl. BfDI [2017], S. 2.
[73] Vgl. Siller [2018], o. S.
[74] Vgl. Frommelt/Sorna/Dzierzon [2018], o. S.
[75] Vgl. Pressebox [2018], o. S.
[76] Vgl. Gründiger et al. [2019], S. 13.
[77] Vgl. Bendel [2018], o. S.

abgesehen davon, dass die visuelle Kommunikation in Form von Bildern bei Sprachassistenten grundlegend ausbleibt.[78] Bezüglich Voice Commerce bestehen ebenfalls Hürden in der Nutzung. Wie bereits erklärt ist ein Kauf über die Sprachsteuerung von *Amazons Alexa* erst gültig, wenn die Bestellung schriftlich per E-Mail bestätigt wurde. Diesen Lösungsweg hat *Amazon* gewählt, damit *Alexa* den Nutzer nicht mündlich über die *Allgemeinen Geschäftsbedingungen* aufklären muss.[79] Generell stellt hierbei die Informationspflicht des Verkäufers an den Kunden eine Problematik dar, welche es im Hinblick auf den Verbraucherschutz zu klären gilt.[80] In dem Fall, dass Dritte ohne Zustimmung des Eigentümers über den Sprachassistenten einkaufen, machen sie sich strafbar, da sie unter fremdem Namen agieren. Handeln allerdings Kinder per Sprachbefehl auf diese Weise, haften die Erziehungsberechtigten.[81] Einkaufen sowohl online als auch offline ist mit einem Display eine visuelle Aktion, welche durch Voice Commerce nicht visuell unterstützt werden kann. Bei dem Kauf von einfachen und alltäglichen Produkten, also Convenience Gütern, mag das „nicht betrachten" eines Produktes kein Hindernis sein, jedoch gilt dies bei komplexeren Einkäufen als Barriere für viele Anwender. Zudem ist es schwer, die Auswahl und den Kaufprozess sprachlich darzustellen. Diese Kritik erklärt, warum manche Anbieter Sprachassistenten mit Bildschirmen entwickeln, welche im Laufe der Arbeit noch vorgestellt werden.[82]

Weiterhin sind die Verknüpfungen zum Voice Commerce noch nicht sonderlich entwickelt. Wenn der Nutzer beispielsweise ein Produkt über die Sprachsteuerung eines Smart Speakers sucht, liest der Sprachassistent dem Nutzer eher einen passenden informativen Artikel zu dem Produkt vor, anstatt Informationen zu liefern, wo es das Produkt zu erwerben gibt oder wie viel es kostet. Stattdessen könnte auf den passenden Skill verwiesen oder direkt weitergeleitet werden.[83]

Sprachassistenten haben bereits einige Probleme verursacht, da sie noch nicht vollständig perfektioniert sind. Beispielsweise berichtete ein Nachrichtensprecher aus dem Radio in den USA über *Amazons* Sprachassistent *Alexa* und befahl dem Assistenten in der Theorie ein Puppenhaus zu bestellen. Demzufolge reagierten alle

---

[78] Vgl. Kaufmann [2019], o. S.
[79] Vgl. Wendel [2017], o. S.
[80] Vgl. GS1 Germany [2018], S. 12.
[81] Vgl. Wendel [2017], o. S.
[82] Vgl. Kaufmann [2019], o. S.
[83] Vgl. Mozart [2019], o. S.

Smart Speaker, welche den Befehl durch das Radio ebenfalls hörten, und legten ein Puppenhaus in den virtuellen Warenkorb der Nutzer. Faktisch bestellt und geliefert wurde das Produkt in den meisten Fällen jedoch nicht, da die Nutzer die Bestellung nicht bestätigten. Bei einem anderen Beispiel aus dem Raum Hamburg spielte *Alexa* nachts plötzlich laut Musik, obwohl niemand zu Hause war. Daraufhin brach die Polizei die Tür auf. Der Nutzer hatte in diesem Fall aus Versehen den Sprachassistenten über die App auf dem Smartphone aktiviert.[84] Auch Hacker haben sich längst an Sprachassistenten versucht. Unter dem Begriff *DolphinAttack* wurden Smart Speaker bereits durch menschlich nicht hörbare Töne gesteuert und eingenommen.[85] *Amazons Alexa* sorgte weiterhin bei einem Ehepaar in den USA für Aufregung. Der Sprachassistent zeichnete versehentlich ein privates Gespräch des Paares auf und versendete es an einen Kollegen. *Amazon* zufolge lässt sich dieser Vorfall anhand einer Kette von falsch verstandenen Wortlauten erklären.[86] Im Frühjahr 2018 sorgte *Alexa* außerdem dafür, dass sich viele ihre Nutzer erschreckten. Bei mehreren Begebenheiten ertönte aus dem Smart Speaker ohne Grund ein Lachen. Auch in diesen Vorfällen lässt sich die Ursache laut *Amazon* auf falsches Verständnis von Wortlauten zurückführen.[87]

Zusammenfassend beschreibt die Statistik einer Umfrage der *EARSandEYES GmbH* aus 2018 anschaulich, aus welchen Gründen eine Nutzung von Sprachassistenten verweigert wird. Dafür wurden über eintausend Nichtnutzer von Sprachassistenten zwischen 16 und 69 Jahren befragt. Die zwei meist genannten Gründe mit 43 Prozent und 39 Prozent gelten dem bereits erörterten Datenschutz. Dazu kommt, dass die Qualität der Antworten von Sprachassistenten in Frage gestellt wird. 32 Prozent möchten schlichtweg nicht mit Maschinen sprechen. Zudem besteht der Bedarf nach Aufklärungsarbeit in dieser Branche, denn viele Nichtnutzer kennen die Vorteile der Sprachassistenten nicht oder finden, dass sie zu wenige nützliche Funktionen für sie bieten. Bei den letzten drei genannten Gründen gegen eine Nutzung handelt es sich um den Widerspruch gegen das Aufzeichnen von Sprache, die schlechte Funktionsfähigkeit und das Nichtwissen über den richtigen Umgang mit

---

[84] Vgl. Gründiger et al. [2019], S. 10.
[85] Vgl. Gründiger et al. [2019], S. 14.
[86] Vgl. Bünte [2018], o. S.
[87] Vgl. Süddeutsche Zeitung [2018], o. S.

der künstlichen Intelligenz. Vier Prozent geben andere Gründe an.[88] Die Statistik wird im Folgenden abgebildet.

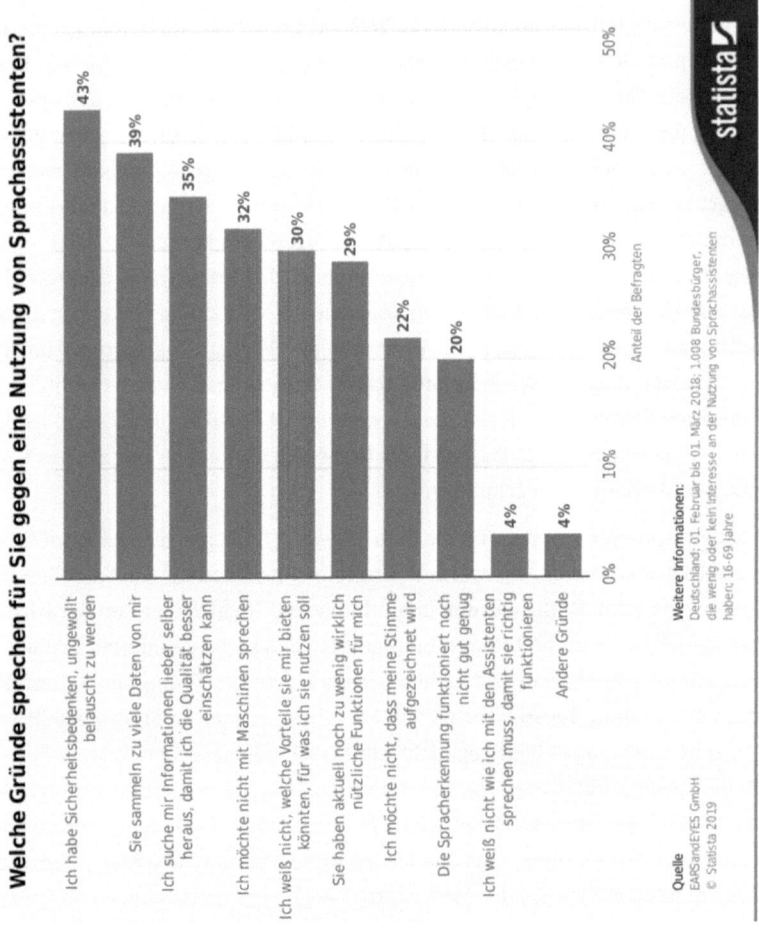

Abb. 3: Gründe gegen eine Nutzung von Sprachassistenten
(Quelle: Statista 2 [2018], o. S.)

---

[88] Vgl. Statista 2 [2018], o. S.

3.3 Vergleich der Geräte

Um einen Überblick über den Markt der Sprachassistenten und Smart Speaker zu schaffen, werden im Folgenden die Sprachassistenten und gegebenenfalls Smart Speaker von fünf Herstellern behandelt: *Amazon, Apple, Google, Microsoft* und *Samsung*. Dieser Vergleich dient der Arbeit bei der Entwicklung des Status Quo des Marktes und soll herauskristallisieren, welche Unternehmen mit ihren Produkten an der Spitze dieser Branche stehen und warum. Zudem wird ein Blick auf die bisherigen Möglichkeiten im Voice Commerce der Sprachassistenten der einzelnen Unternehmen geworfen.

3.3.1 Amazon

Alexa nennt sich die künstliche Intelligenz des Unternehmens *Amazon*. Der zugehörige Smart Speaker nennt sich *Amazon Echo*. Im Juni 2015 wurde der Sprachassistent in den USA angekündigt und schließlich im Oktober 2016 auch in Deutschland. Im vierten Quartal des Jahres 2018 überzeugte *Amazon's Alexa* mit einem Anteil von 35,5 Prozent auf dem Markt der Sprachassistenten.[89] Es wird zwischen fünf verschiedenen *Echo*-Endgeräten unterschieden. Aktuell ist der *Amazon Echo* Smart Speaker in der zweiten Generation auf dem Markt. Dieser bezeichnet sich als der Klassiker unter den Lautsprechern und ist mit grundlegenden Funktionen ausgestattet. Weiterhin gibt es eine kleine Version des *Echos*, den sogenannten *Echo Dot*. Dieser Smart Speaker zeichnet sich durch seine Größe und seinen günstigen Preis aus und befindet sich mittlerweile in der dritten Ausführung auf dem Markt. Bei dem *Echo Show* in der zweiten Generation handelt es sich um die teuerste Variante der *Echo*-Reihe. Der *Echo Show* unterscheidet sich von den anderen Produkten durch den Touchdisplay. Diesen Lautsprecher gibt es außerdem noch in einer kleinen Ausführung, die sich *Echo Spot* nennt. Die letzte Variante der Geräte nennt sich *Echo Plus* und ist momentan in der zweiten Generation zu erwerben. Der *Echo Plus* ist besonders auf Smart Home Funktionen ausgelegt und wird inklusive einer smarten LED-Glühbirne geliefert.

---

[89] Vgl. Gründiger et al. [2019], S. 4 f.

Alle Smart Speaker lassen sich zudem durch eine Batteriestation, welche zusätzlich gekauft werden muss, kabellos im Haus platzieren.[90] In den Smart Speakern befinden sich rundum verteilt Mikrofone sowie eine Technologie, welche es *Alexa* ermöglicht, trotz Umgebungsgeräuschen oder Musik das Aktivierungswort aus verschiedenen Richtungen zu hören.[91]

Alexa ist die künstliche Intelligenz, die sich in der Cloud von *Amazon* befindet und über die *Echo*-Lautsprecher abgespielt wird. Als künstliche Intelligenz kann *Alexa* mit jedem weiteren Nutzer dazulernen und sich mit der Zeit verbessern. Durch das Abspeichern der Daten wird der Sprachassistent immer intelligenter und kann sich individuell an jeden Nutzer anpassen.[92]

Mit dem Sprachassistenten lassen sich klassische Funktionen bedienen wie Nachrichten abhören, Erinnerungen, Listen oder Wecker erstellen, Kalender organisieren, Wetter oder Verkehrsinformationen abfragen, Anrufe tätigen oder Antworten auf generelle Fragen erhalten. Über Apps, beziehungsweise Skills, wie *Amazon Music* oder *Spotify* lässt sich Musik abspielen und über die Applikation *TuneIn* kann Radio gehört werden. Auch Hörbücher lassen sich in Verbindung mit dem Anbieter *Audible* konsumieren. Mit *Alexa* können weiterhin Routinen erstellt werden. Diese verbinden verschiedene Aktionen mit nur einem Befehl. Die verschiedenen *Echo*-Geräte sind zudem miteinander verknüpft. So können die Smart Speaker wie eine Gegensprechanlage benutzt werden, es kann in Form von Nachrichten und Anrufen unter *Alexa*-Nutzern innerhalb und außerhalb des eigenen Haushaltes kommuniziert werden. Zudem dient eine zugehörige App für das Smartphone oder Tablet der Steuerung und Einstellung des Assistenten. Die Verwendung des Sprachassistenten ist individuell erweiterbar mit zusätzlichen Smart Home Funktionen und Skills, die *Alexa* hinzugefügt werden können.[93]

Amazon macht es den Entwicklern der Skills besonders angenehm und fördert diese hinsichtlich Workshops, Entwickler-Events, Tutorials oder anderen Hilfestellungen. Mittlerweile gibt es eine große Auswahl an Geräten, welche mit *Amazons Alexa* kompatibel sind. Deshalb wird in Entwickler von Skills für *Alexa*, Entwickler, die *Alexa* in ein Gerät integrieren und Entwickler, die die künstliche Intelligenz mit Geräten verbindet unterschieden. Es gibt viele Möglichkeiten mit *Alexa* zu

---

[90] Vgl. Wendel [2019], o. S.
[91] Vgl. Gründerszene 2 [o. J.], o. S.
[92] Vgl. Wulf [2018], o. S.
[93] Vgl. Amazon 3 [o. J.], o. S.

kommunizieren, denn der *Echo* Lautsprecher ist lediglich eine Schnittstelle. Dieser Punkt wird als großer Vorteil von *Alexa* gegenüber anderen Sprachassistenten angesehen. Denn ohne an eine Marke gebunden zu sein, kann *Alexa* in den verschiedensten Bereichen Anwendung finden und ein vernetztes System für Kunden schaffen. So kann der Sprachassistent beispielsweise mit dem *Amazon Fire TV* Filme und Serien abspielen oder sich mit dem *Amazon Kindle* ein Hörbuch vorlesen lassen.[94] Von dem Backofen von *Siemens* bis zur Toilettenspülung von *Kohler* lässt sich vieles mit Sprache steuern und das Sortiment wird regelmäßig durch Kooperationen erweitert. Ein weiterer Vorteil des Sprachassistenten *Alexa* ist, dass durch die Datenauswertung in der Cloud von *Amazon* die künstliche Intelligenz selbstständig und stetig lernen kann. Der größte Vorteil hingegen ist wohl das Angebot des Voice Commerce, denn mit *Alexa* haben *Prime*-Kunden die Möglichkeit, per Sprache direkt bei dem Onlinehändler *Amazon* zu bestellen.[95]

3.3.2 Google

Auch *Google* ist auf dem Markt der Sprachassistenten mit dem Namen *Google Assistant* vertreten. Mit dem Signalwort „Ok *Google*" können dem Assistenten Fragen gestellt werden. *Google Home* nennt sich die Endgeräte-Reihe von *Googles* Smart Speakern, in denen der *Google Assistant* verbaut ist. *Google* hat ähnlich wie *Amazon* eine breite Variation an Geräten. Die Endgeräte werden in den klassischen *Google Home* Lautsprecher, den *Google Home Mini*, den *Google Home Max* und dem *Google Nest Hub* unterschieden. Die Smart Speaker *Google Home Mini* und *Google Home Max* zeichnen sich durch ihre kleine beziehungsweise große Ausführung aus. Der *Google Home* Lautsprecher ist das Klassiker-Modell.[96]

Das *Google Nest Hub* unterscheidet sich insofern von den anderen Produkten, indem das Gerät zusätzlich zum Lautsprecher ein großes Display besitzt. Der Smart Speaker kann in erster Linie als digitaler Bilderrahmen verwendet werden. Ansonsten funktionieren alle Funktionen des *Google Assistants* auch auf diesem Endgerät, jedoch werden alle Ergebnisse zusätzlich visuell auf dem Display präsentiert.

Der *Google Assistant* ist die künstliche Intelligenz, die Sprachsoftware, welche auf *Googles* Smartphones und Smart Speakern integriert ist. Auch der *Google Assistant* lässt sich über Skills erweitern. Hier sind die Skills *IFTTT*-Anwendungen, was für

---

[94] Vgl. Wulf [2018], o. S.
[95] Vgl. Wendel [2019], o. S.
[96] Vgl. Google 1 [o. J.], o. S.

„if this then that" steht. Zudem können ebenso Szenen entwickelt werden, welche mehrere Aktionen mit einem Befehl steuern.[97] Mit dem *Google Assistant* kann der Anwender außerdem Timer stellen, Wetter, Nachrichten sowie Verkehrsinformationen abfragen, Erinnerungen erstellen, Kalender verwalten, Daten umrechnen, Übersetzen, Telefonieren und Nachrichten verschicken, Musik hören, Smart Home Geräte steuern und vieles mehr.[98] So begleitet der *Google Assistant* den Kunden durch den Tag und verwaltet Aufgaben, plant den Tag, antwortet auf Fragen oder sorgt für Unterhaltung.[99] Bezüglich des kritischen Themas Datenschutz hat sich *Google* um die Kontrolle der Daten aus Sicht der Konsumenten gekümmert. Sie können demnach festlegen, welche Daten sie preisgeben möchten und bisherig gesammelte Daten jederzeit löschen und verwalten.[100]

Im direkten Vergleich mit *Googles* größtem Konkurrenten *Amazon* überzeugt der *Google Assistant* mit einem besonders guten und natürlichen Verständnis der Fragen und einer besseren Kontexterkennung. Bei anderen Kriterien, wie der Smart Home Steuerung und der vorinstallierten Funktionen der Sprachassistenten, sind sich beide Intelligenzen ähnlich.[101] Einschließlich der Android-Smartphones, auf denen der *Google Assistant* von Grund auf bereits installiert ist, ist der Sprachassistent mittlerweile auf mehr als einer Milliarde Geräten vertreten. Darunter befinden sich ungefähr 10.000 von *Googles* Smart Speakern. Wie bereits angedeutet, konkurrieren die Anbieter *Google* und *Amazon* um die Spitze in dieser Branche. Mit einem Marktanteil von 30 Prozent im vierten Quartal 2018 liegt der *HomePod* auf dem zweiten Platz hinter *Amazon's Alexa*.[102]

3.3.3 Apple

Apple's Sprachassistent *Siri* ist bereits seit 2011 durch die Vorstellung des *iPhone 4S* bekannt. Die künstliche Intelligenz ist auf *Apple's* Smartphones verbaut und assistiert dem Nutzer bei der Erledigung von alltäglichen Dingen.[103] Der passende Smart Speaker von *Apple* ist seit Februar 2018 auf dem Markt und nennt sich *HomePod*. Der Lautsprecher ist mit *Siri* verknüpft. Jeder Nutzer eines *Apple HomePods* ist

---

[97] Vgl. Wendel [2019], o. S.
[98] Vgl. Wendel [2018], o. S.
[99] Vgl. Google 3 [o. J.], o. S.
[100] Vgl. Google 4 [o. J.], o. S.
[101] Vgl. Eichfelder [2017], o. S.
[102] Vgl. Gründiger et al. [2019], 5 f.
[103] Vgl. Albrecht/Kuderna [2011], o. S.

gleichzeitig und automatisch Nutzer des *Apple HomeKits*. Das *HomeKit*-System besteht seit 2014 und bezeichnet den Standard, mit dem Geräte zur Steuerung unterstützt werden. Dies gilt sowohl für *Apple* Produkte als auch für Produkte fremder Hersteller.[104] Es handelt sich bei *HomeKit* demnach um ein Programmiergerüst (Framework), mit welchem das Smart Home gesteuert werden kann. Elektronik, welche mit *HomeKit* kompatibel ist und somit von *Apple* Nutzern verwendet werden kann, bekommt die Bezeichnung „works with *HomeKit*". Der Sprachassistent *Siri* ist für verschiedene Endgeräte von *Apple* nutzbar, angefangen beim Smartphone, über *Apple* Watches, *iPads* und *Apple TV*, bis schließlich zum *HomePod*.[105] Der *HomePod* ist ungefähr 18 cm hoch und mit sechs ringförmig angeordneten Mikrofonen ausgestattet, um alle Töne im Raum erfassen zu können. Das Unternehmen wirbt mit einem besonders hochwertigem Klang und einem tiefem Bass des Lautsprechers. Besonders an dem Smart Speaker ist die Raumerkennung. Denn der *HomePod* stimmt die Akustik passend auf die Platzierung des Geräts im Raum ab. Direkte Töne werden in die Raummitte ausgestrahlt, wohingegen Umgebungsgeräusche über die Seiten verteilt werden. Zudem kann *Siri* auf ihr Signalwort reagieren, obwohl Musik gehört wird. Wie alle künstlichen Intelligenzen lernt *Siri* dazu. Zum Beispiel durch das Hören von Musik über *Apple Music*. Hier kann dem Sprachassistenten mitgeteilt werden, welche Musik einem gefällt und welche nicht. *Siri* lernt so den Musikgeschmack des Konsumenten kennen.[106]

Weiterhin können sogenannte Szenen erstellt werden. Mit dieser Funktion können mehrere Aktionen und Geräte auf einmal durch einen einzigen Befehl gesteuert werden, beispielsweise durch die Wörter „Guten Morgen *Siri*".[107] Generelle Funktionen wie Fragen beantworten, Verkehr und Wetter prüfen, Nachrichten hören, Timer stellen, etwas übersetzen oder einen Ort finden und mehr, kann *Siri* außerdem. Zusätzlich gibt es die Funktion „Mein *iPhone* suchen", die bei Aktivierung mit dem verknüpften *iPhone* einen Signalton absendet.[108] Die Nutzerzahlen für den *HomePod* von *Apple* steigen und das Unternehmen konnte im vierten Quartal 2018 mit ihrem Smart Speaker einen Marktanteil von 4,1 Prozent erreichen.[109]

---

[104] Vgl. Alexander [2018], S. 3 f.
[105] Vgl. Wendel [2019], o. S.
[106] Vgl. Apple 1 [o. J.], o. S.
[107] Vgl. Apple 1 [o. J.], o. S.
[108] Vgl. Apple 2 [o. J.], o. S.
[109] Vgl. Gründiger et al. [2019], S. 5.

3.3.4 Microsoft

Der Sprachassistent von *Microsoft* nennt sich *Cortana* und ist als Software auf *Microsofts* Smartphones und Computern mit *Windows 10* vertreten. Der Name *Cortana* stammt aus dem Videospiel *Halo* von *Microsoft*, in der eine künstliche Intelligenz ebenfalls den Namen *Cortana* trägt. Der Sprachassistent ist bereits weit verbreitet, da er bei jedem Nutzer des Betriebssystems *Windows 10* vorinstalliert ist. Falls das Gerät des Nutzers kein Mikrofon hat, kann *Cortana* auch als lediglich digitaler Assistent ohne Sprachsteuerung dienen, indem mit Texteingaben Befehle gegeben oder Fragen gestellt werden. Die künstliche Intelligenz hat viele grundlegende Funktionen, wie Termine, Listen oder Nachrichten verwalten, Musik abspielen, Apps öffnen und Spiele spielen, Erinnerungen erstellen oder Wissensfragen beantworten. Fragen beantwortet *Microsoft's Cortana* mit Hilfe der Suchmaschine *Bing*. Bezüglich der Smart Home Steuerung liegt *Cortana* insbesondere im Vergleich mit den Anführern des Marktes noch weit hinten. Diese Funktionen werden im Moment von wenigen Nutzern verwendet.[110]

Microsoft hat jedoch keinen eigenen Smart Speaker und plant in Zukunft auch nicht, einen für die explizite Nutzung von *Cortana* zu entwickeln. Allerdings wird der Sprachassistent in einigen Lautsprechern verbaut. Der erste Smart Speaker mit *Cortana* namens *Invoke* konnte jedoch keinen großen Erfolg erzielen. Seit Sommer 2018 besteht dagegen eine Partnerschaft zwischen *Amazon* und *Microsoft*, seitdem kann über die *Amazon Echo* Geräte auch mit *Cortana* kommuniziert werden. Trotzdem ist dieser Sprachassistent von *Microsoft* auf monatlich 500 Millionen Computern von *Windows*-Nutzern und zehntausende Millionen *Xbox*-Spielkonsolen vertreten.[111]

Cortanas Vorteil liegt darin, dass der Sprachassistent besonders auf Business-Vokabular ausgelegt ist, was ihn von anderen künstlichen Intelligenzen unterscheidet.[112] Der Geschäftsführer von *Microsoft, Satya Nadella*, sagte im Januar 2019, dass er den Sprachassistenten nicht in Konkurrenz mit beispielsweise *Alexa* oder *Google Assistant* sieht, sondern *Cortana* sich in eine andere Richtung entwickeln soll. *Cortana* soll sich an Nutzer von *Windows 10* und *Microsoft Office 365* richten und

---

[110] Vgl. Wendel [2019], o. S.
[111] Vgl. Johnson [2019], o. S.
[112] Vgl. Gründiger et al. [2019], S. 4.

wie eine App auf allen Geräten und in Verbindung mit anderen Sprachassistenten genutzt werden können.[113]

3.3.5 Samsung

Der letzte Sprachassistent, der in dieser Arbeit vorgestellt wird, ist *Bixby* von *Samsung*. Im März 2017 wurde die künstliche Intelligenz von *Samsung* gleichzeitig mit den Smartphones *Samsung Galaxy 8* und *Galaxy 8+* vorgestellt. Der Sprachassistent hat vier Kernfunktionen. Zum einen Voice, also Sprache, denn *Bixby* ist mit Sprache steuerbar. Mit den Wörtern „Hi *Bixby*" aktiviert sich der Sprachassistent. Zunächst gab es die Voice-Funktion jedoch nur auf Englisch, Koreanisch und Chinesisch.[114] Seit Februar 2019 spricht *Bixby* jetzt auch deutsch auf allen Geräten von *Samsung*.[115] Die zweite Kernfunktion Vision ist ein Teil des Assistenten, der in die Kamera eingebettet ist. Es handelt sich um eine Augmented-Reality-Funktion, die den Nutzern die Möglichkeit gibt, ihre Kamera auf Dinge zu richten und daraufhin von der künstlichen Intelligenz Informationen zu dem Gesehenen zu erfahren. Zudem lassen sich durch diese Funktion Texte, auf die die Kamera gehalten wird, direkt übersetzen. Die dritte Kernfunktion heißt Home und zeigt dem Nutzer individuelle Anzeigen auf dem Smartphone zu Wetter oder sportlichen Aktivitäten. Letztlich gibt es die Funktion Reminders, die den Nutzer zu einer bestimmten Uhrzeit oder wenn ein bestimmter Ort erreicht wird, an etwas erinnert.[116] Zusätzlich kann der Sprachassistent für einen Fernauslöser der Kamera per Sprache verwendet werden, für Musikerkennung, um ein Fahrrad auszuleihen, als Reiseführer, um einen Geldautomaten zu suchen, den Kalender zu verwalten oder den Flugstatus abzurufen.[117]

Als Anbieter von Haushaltsgeräten möchte *Samsung* seine Elektronik zukünftig mit dem Sprachassistenten verknüpfen, um die Wege für das Smart Home zu ebnen.[118] Die künstliche Intelligenz *Bixby* wurde als ein offenes Ökosystem entwickelt. Entwickler haben die Möglichkeit, Skills für den Sprachassistenten zu konzipieren und zu verbreiten. Im Vergleich zu *Amazon* oder *Google* will *Bixby* sich auf verbesserte

---

[113] Vgl. Sandle [2019], o. S.
[114] Vgl. Kägler [2018], o. S.
[115] Vgl. Herbig [2019], o. S.
[116] Vgl. Kägler [2018], o. S.
[117] Vgl. Samsung 1 [o. J.], o. S.
[118] Vgl. Wendel [2019], o. S.

Interaktionen spezialisieren.[119] *Thorsten Böker, Bixby*-Sprecher für *Samsung*, sagt dazu: „Bixby findet heraus, was ich will, und zwar ohne gelernte Befehle."[120] Aktuell ist der Sprachassistent von *Samsung* nur auf den unternehmenseigenen Smartphones vertreten. *Samsung* plant jedoch den Einstieg auf den Markt der Smart Speaker. Der *Samsung Galaxy Home* Smart Speaker soll bald erhältlich sein.[121] Potenziale, welche zudem in Zukunft möglich sein werden, behandelt das folgende Kapitel.

---

[119] Vgl. Von Dewitz [2019], o. S.
[120] Von Dewitz [2019], o. S., zitiert nach Böker [o. J.], o. S.
[121] Vgl. Samsung 2 [o. J.], o. S.

4 Zukunftspotenziale

Das Kapitel der Zukunftspotenziale stellt den Kern dieser Arbeit dar. Es beschäftigt sich mit der Analyse von zukünftigen Szenarien und Möglichkeiten für die Branche der Sprachassistenten. Hierfür wird zunächst ein Blick auf die Prognosen und Gründe für eine immer stetig ansteigende Nutzung der Sprachassistenten geworfen. Daraufhin werden die Möglichkeiten für den Onlinehandel mit Sprachassistenten diskutiert sowie die Möglichkeiten für das Marketing. Das Kapitel dient dieser Thesis in Form der Analyse der zukünftigen Potenziale, um daraufhin Handlungsempfehlungen für Unternehmen abzuleiten.

4.1 Steigende Nutzung von Sprachassistenten

Der aktuelle Stand der Sprachassistenten kann mit dem Stand der ersten Apps für Smartphones verglichen werden. Die Entwicklung steht noch am Anfang. Es handelt sich dabei um einen Fortschritt, welcher eigentlich durch einen Rückschritt geprägt ist. Zurück zur Sprache, der natürlichen Kommunikation des Menschen, welche bewusster und persönlicher ist als das Tippen. Die Technik war dem Menschen noch nie so nah.[122]

Die steigende Nutzung von Sprachassistenten lässt sich auf drei wesentliche Gründe zurückführen. Zum einen ist die Sprache die bequemste, schnellste und älteste Form der Kommunikation. Sprache verwendet der Mensch täglich und auf natürliche Weise. Zweitens ist die Entwicklung der Sprachassistenten allgegenwärtig. Die Qualität verbessert sich ständig, da die künstliche Intelligenz stets hinzulernt und das Potenzial für die Zukunft ist dahingehend erfolgversprechend. Letztlich sind Smart Speaker preislich erschwinglich und verbreiten sich dadurch konstant.[123]

Die folgende Abbildung zeigt in Form eines Balkendiagramms die Anzahl der weltweiten Nutzer von virtuellen digitalen Assistenten in den Jahren 2015 bis 2021 in Millionen. Die Statistik ist aus dem Jahr 2016. Für das aktuelle Jahr 2019 wurden knapp 1400 Millionen Sprachassistenten prognostiziert. Diese Zahl soll in Zukunft weiter ansteigen.

---

[122] Vgl. Mendez [2018], o. S.
[123] Vgl. Kahnt/Kohn/Schmidt [2018], S. 63.

Zukunftspotenziale

Für 2021 werden weltweit ungefähr 1800 Millionen digitaler Assistenten prognostiziert. Die Grafik veranschaulicht den weltweiten Trend des stetig steigenden Wachstums des Marktes für Sprachassistenten.[124]

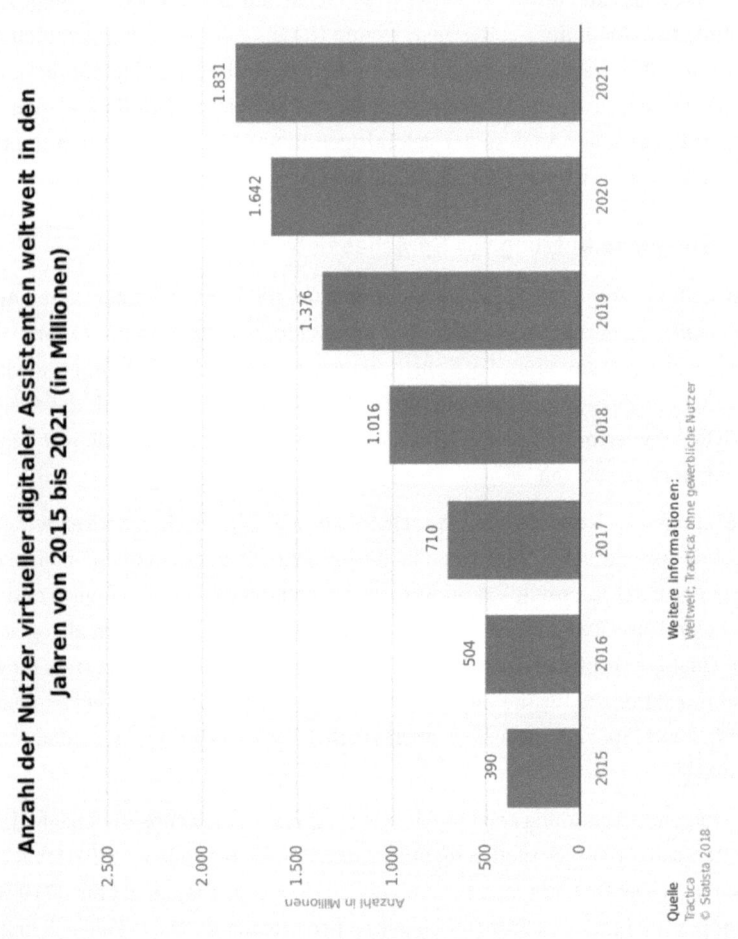

Abb. 4: Anzahl der Nutzer virtueller digitaler Assistenten weltweit (Quelle: Statista [2016], o. S.)

---

[124] Vgl. Statista [2016], o. S.

4.2 Zukunftspotenziale für Sprachassistenten im E-Commerce

„Bald werden wir uns unter dem Stichwort ‚Voice Commerce' mit Sprachbots über die Produkte unterhalten, für die wir uns interessieren. Dadurch wird das Argument ‚Beratung bekommt man nur im Laden' hinfällig, was wiederum die Art, wie wir shoppen, massiv beeinflusst."[125]

Wie bereits im vorherigen Kapitel erörtert, steht Voice Commerce aktuell noch ganz am Anfang der Entwicklung und es gibt noch einige technische Hürden zu überwinden. Doch desto beliebter die Sprachassistenten mit der Zeit werden, umso beliebter wird auch das Einkaufen mit Sprachassistenten. Zunächst wird der Konsument per Sprachbefehl Essen bestellen oder ein Taxi rufen, dann Convenience Produkte bestellen, bis irgendwann komplexere Bestellungen folgen und die Dialoge zwischen Mensch und Maschine immer länger werden.[126]

Das obige Zitat von *Thomas Klar*, dem *Country Manager* für *Nexmo Deutschland*, beschreibt ein mögliches Zukunftsszenario mit Voice Commerce. In der Theorie sind die Möglichkeiten des Onlinehandels über Sprachassistenten unbegrenzt, da sich alle Funktionen aus einem regulären Onlineshop gleichermaßen auf die Stimme übertragen lassen können. Der Nutzer wird die Möglichkeit haben, dem Sprachassistenten komplexe Fragen zu stellen, sich über Farben oder Materialien des Produktes zu informieren, das Produkt in den Warenkorb zu legen, schließlich zu bestellen und später den Bestellstatus abzufragen. Zudem könnte der Sprachassistent dem Nutzer Produkte empfehlen, die andere Kunden ebenfalls in Kombination gekauft haben. Dieses Verkaufsschema wäre auch im Mode-Bereich umsetzbar, in dem der Konsument den Sprachassistenten fragt, welche Waren gut zueinander passen. Dies wird alles jedoch nur zu ermöglichen sein, wenn ein komplexer Algorithmus hinter dem Assistenten steckt, der auf Daten zurückgreifen kann.[127] Das Abfragen eines Bestellstatus mit der Sprache ist begrenzt bereits möglich, beispielsweise bei *Amazons Alexa*. Der Nutzer könnte in Zukunft nicht nur den Status abrufen, sondern auch per Sprachsteuerung eine Lieferung verschieben können und das Paket genau verfolgen, um zu sehen, wann der Postbote klingeln wird. Man kann spekulieren, dass in den nächsten 10 bis 15 Jahren die Sprache die Tastatur

---

[125] Göpfert [2018], o. S., zitiert nach Klar [o. J.], o. S.
[126] Vgl. Isheim [2018], o. S.
[127] Vgl. Bischoff [2018], o. S.

auf den Displays ersetzt wird.[128] Bei einem Onlineeinkauf können die Sprachassistenten den Kunden in Zukunft an vielen verschiedenen Touchpoints erreichen, um das Kauferlebnis möglichst individuell und personalisiert zu gestalten. Ein direkter Einkauf über den Sprachassistenten ist in der Theorie möglich, jedoch wie bereits beschrieben aktuell lediglich von *Amazon* umgesetzt. Anstelle dessen kann ein Unternehmen allerdings Serviceangebote schaffen oder Verkäufe über einen anderen Händler abwickeln. So profitiert das Unternehmen immer noch am Verkauf und kann generell einen sprachgesteuerten Onlinehandel möglich machen. Um einen Bezahlprozess und Lieferungsdetails zu umgehen, kann in Zukunft eine Gewichtung auf Bestellungen gelegt werden, die anschließend im stationären Handel abgeholt werden können. Diese Form des Voice Commerce ist in verschiedenen Variationen ausführbar.[129]

Der sogenannte ROPO-Effekt (Research Online, Purchase Offline) beschreibt das Verhalten von Konsumenten, sich im Internet Informationen zu einem Produkt zu beschaffen, aber letztlich das Produkt stationär zu erwerben. Von diesem Effekt könnten Marken auch bei Sprachassistenten profitieren.[130] Offlinehandel soll aus der zukünftigen Welt mit Sprachassistenten nicht weggedacht werden. Der stationäre Handel bleibt insofern relevant, dass der Nutzer mit Sprachassistenten individuell zwischen online und offline wechseln kann.[131] Das folgende Zitat von Heinemann beschreibt die Vielfältigkeit der Recherche und der Kontaktpunkte von Konsumenten mit einem Produkt oder einer Dienstleistung vor dem finalen Kauf:

> „Dennoch ist nicht auszuschließen, dass die User parallel zum Einkauf per Echo oder auch vorher schon auf der Website bei einem Online-Händler recherchiert haben. Damit würde sich das Voice Shopping in das Cross Device einreihen. Gerade mobile Käufer treffen ihre Kaufentscheidung nicht mehr ausschließlich beim Besuch im Online-Shop, sondern an verschiedensten Kontaktpunkten im Web."[132]

---

[128] Vgl. Dlugos [2018], o. S.
[129] Vgl. GS1 Germany [2018], S. 12.
[130] Vgl. GS1 Germany [2018], S. 12.
[131] Vgl. Springer Professional [2018], o. S.
[132] Heinemann [2019], S. 15.

Heute benutzen wir den Fingerabdruck oder die Gesichtserkennung zum Entsperren unseres Smartphones, anstatt einen PIN einzugeben. In Zukunft werden wir mit unserer Sprache diese Macht haben. Der Sprachassistent wird verschiedene Personen anhand der Stimme durch die Entwicklung von sogenannten sprachbiometrischen Verfahren erkennen können. Dieses Verfahren analysiert alle Details einer Stimme und erstellt einen Stimmabdruck, welcher sicherer als ein PIN ist. Durch diese Technik könnten Nutzer in Zukunft auf individuelle Listen oder Termine rein anhand der Stimmerkennung zugreifen. Auch hier gilt es, die Barriere der Hintergrundgeräusche und Verzerrungen der Stimme aufgrund von beispielsweise Krankheit zu überwinden.[133]

Besonders für Senioren wird die Sprachsteuerung in Zukunft eine Veränderung schaffen können. Denn Sprachassistenten helfen dabei, Berührungsängste zu Smartphones abzubauen, welche junge Menschen tendenziell nicht haben, da sie mit dieser Technik und dem Internet aufgewachsen sind. Für ältere Menschen kann das Tippen auf Displays schwierig sein, da Buchstaben oft klein sind oder die Autokorrektur Lernbedarf fordert. Die Tendenz für die Nutzung von Sprachassistenten bei Senioren lässt sich bereits jetzt zeigen. Bei den über 60-jährigen nutzen aktuell 24,2 Prozent einen Sprachassistenten. Im Gegensatz dazu nutzen lediglich 23,2 Prozent der unter 20-jährigen diesen Service.[134] Eine Studie vom *Frauenhofer Institut für Software- und Systemtechnik* bestätigt, dass Sprachassistenten zur Verbesserung der Lebensqualität von Senioren und vor allem im Bereich der Pflege einen Beitrag leisten können. Wer alltägliche Hilfe aufgrund von körperlichen Einschränkungen benötigt, könnte zukünftig mithilfe eines Sprachassistenten Smart Home Steuerungen bedienen und sich beispielsweise an Medikamente erinnern lassen, per Sprachbefehl Anrufe tätigen, Notizen festhalten und sich auch umständliche Einkäufe ersparen, indem online eine Bestellung abgegeben wird und Lebensmittel und andere Produkte bequem nach Hause geliefert werden. Für diese Zukunftsvision ist zunächst eine Analyse des Bedarfs notwendig und eine einwandfreie Funktionsweise der Geräte. Zudem müssen viele Senioren aufgeklärt werden, denn es bestehen kaum Berührungspunkte mit Sprachassistenten. Außerdem sollte vermittelt werden, dass die Sprachsteuerung lediglich der Steigerung der Lebensqualität dienen und keinesfalls der Einsamkeit beitragen soll, indem Kontakte

---

[133] Vgl. Gründiger et al. [2019], S. 11 f.
[134] Vgl. Hermann [2017], o. S.

mit Menschen ersetzt würden.[135] Dieser Hilfeansatz gilt gleichermaßen für Analphabeten oder blinde Menschen. Auch für Menschen in bildungsschwachen Milieus kann der Sprachassistent als Coach dienen und beispielsweise einen Lernprozess unterstützen.[136]

Weiterhin werden Sprachassistenten zunehmend im Kundenservice vertreten sein, wie heute schon oft Chatbots in Onlineshops für diesen Zweck verwendet werden. Die Wartezeiten in Telefon-Hotlines könnte deutlich reduziert werden, wenn Sprachassistenten als Kommunikationskanal mit Kunden Anwendung finden. Die digitalen Berater wären zu jeder Zeit verfügbar, Mitarbeiter könnten anderen Tätigkeiten nachgehen und das Image eines Unternehmens könnte durch Erreichbarkeit und Modernität verbessert werden. Auf technischer Ebene wären bei aktuellem Stand der Möglichkeiten lediglich einfache Gespräche möglich, da der Sprachassistent nur auf vorher definierte Szenarien richtig reagieren kann.[137]

Folglich werden sich besonders die zwei Anwendungsgebiete Voice Commerce und Kundenservice weiterentwickeln. Um ein kundenzentriertes Kauferlebnis zu ermöglichen, könnte der Sprachassistent auch Kundendaten in die Beratungen mit einfügen. Hier könnte die künstliche Intelligenz zudem Kaufgewohnheiten analysieren und durch Stimmanalyse ebenso auf die Befindlichkeit des Kunden empathisch eingehen. Eine künstliche Intelligenz, die nicht intelligent ist, hilft weder dem Kunden noch dem Unternehmen. In Zukunft kann der Kunde durch Serviceangebote mit Sprachassistenten im Mittelpunkt stehen und eine Rundumbetreuung erfahren, auch in Kombination mit Apps.[138] Als Beispiel könnte ein Unternehmen den Kunden bei der Vorbereitung zu einem Flug begleiten. Der Anwender würde den Flug über den Sprachassistenten buchen. Daraufhin könnte der Assistent in Kombination mit der App der Fluglinie *Lufthansa* sprachgesteuert einchecken. Der Sprachassistent würde den Nutzer zudem daran erinnern können, wie lange die Autostrecke ist, wo freie Parkplätze zur Verfügung stehen und wo es den besten Kaffee zu kaufen gibt. Übertragen auf Services in der Automobilbranche könnte hier der Sprachassistent den Fahrer darauf aufmerksam machen, dass der Tank in absehbarer Zeit leer ist und wo die nächste Tankstelle zu finden ist. Zusätzlich könnten Verbindungen mit Kundenkarten erstellt werden, auf welche die

---

[135] Vgl. Hellwig/Meister/Schneider [2018], o. S.
[136] Vgl. Gründiger et al. [2019], S. 12.
[137] Vgl. Anke/Fischer/Lemke [2019], S. 25 f.
[138] Vgl. Göpfert [2018], o. S.

Sprachsteuerung hinweist und gegebenenfalls ein Geschäft, von dem eine Kundenkarte vorhanden ist, auswählt.[139]

Wenn bei dem Kunden kein klarer Kaufwunsch besteht, sondern dieser durch Angebote stöbern möchte, kann in Zukunft stattdessen der Trend zum inspirierten Kaufen Anklang finden. Diese Form des Kaufs beschreibt den Prozess, dass ein Kunde beispielsweise auf der App *Instagram* ein Produkt sieht, welches ihm gefällt, und daraufhin danach online sucht. Nutzer könnten sich somit zukünftig Inspiration auf Apps verschaffen und folglich per Sprache das Produkt suchen oder sofort bestellen. Es ist fraglich, ob bei Smartphones der Sprachassistent weiterhin zusätzlich, jedoch in ausgeprägterer Form verwendet wird oder sogar Apps durch Skills ersetzt werden könnten.[140]

Eine Umfrage von *Capgemini* aus 2017 zeigte bereits Tendenzen auf, für welche Produkte oder Dienstleistungen Nutzer in Zukunft Sprachassistenten verwenden möchten. Hierbei wurden mehr als 2500 aktive Nutzer ab 18 Jahren online befragt. Die Befragten waren nicht nur aus Deutschland, sondern auch aus Frankreich, den USA und Großbritannien. Spitzenreiter unter den Nutzern ist das Bestellen von Essen mit 56 Prozent. Darauf folgt das Bestellen von Transportdienstleistungen wie ein Taxi mit 54 Prozent, das Bestellen von Unterhaltungselektronik mit 52 Prozent und darauf folgen Bücher und Tierbedarf mit 49 Prozent. Ziemlich gleich auf sind Produkte wie Kleidung, Lebensmittel, Körperpflegeartikel und Banküberweisungen per Sprachsteuerung. Das Schlusslicht für die zukünftige Verwendung von Voice Commerce machen Möbel und Waschmittel, jedoch mit immer noch hohen 41 Prozent. Die prozentualen Differenzen zwischen den verschiedenen Produkten und Dienstleistungen sind gering, zwischen dem meist genannten Verwendungswunsch und dem am wenigsten genannten liegen lediglich 15 Prozent. Generell ist in der Grafik zu erkennen, dass die Balken alle relativ gleich gewichtet wurden und es keine Ausreißer gibt. Die zukünftigen Wünsche der Nutzer sind auf verschiedene Bereiche verteilt und umfassen viele Punkte ähnlich stark.[141] Die Grafik der Umfrage ist im Folgenden abgebildet.

---

[139] Vgl. Göpfert [2018], o. S.
[140] Vgl. Hopfenmüller [2018], o. S.
[141] Vgl. Statista 1 [2018], o. S.

Zukunftspotenziale

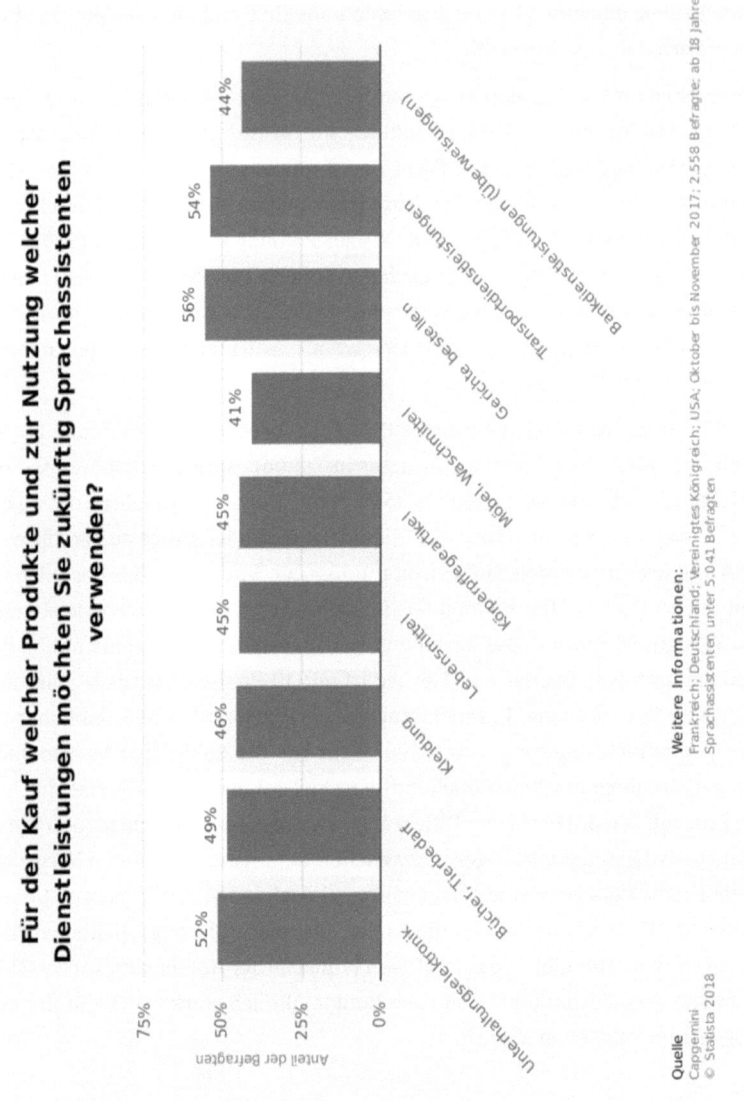

Abb. 5: Zukünftige Verwendung Sprachassistenten
(Quelle: Statista 1 [2018], o. S.)

Kritiker bemängeln, dass Onlinehandel niemals ohne visuelle Einflüsse wirklich erfolgreich werden wird. Selbst *Jeff Bezos*, Geschäftsführer des Marktführers *Amazon*, sagte 2017 noch, dass der Großteil des E-Commerce auch in Zukunft über Displays ablaufen wird, welche Bilder der Produkte anzeigen können. Voice Commerce eignet sich in den Augen der Kritiker demnach mehr für einfache Käufe, die keine visuelle Unterstützung benötigen. Beispielsweise für Convenience Güter.[142] Der Onlinehandel ist eine sehr schnelle und effektive Branche, weswegen zudem bemängelt wird, dass Sprachassistenten aufgrund der Missverständnisse zu lange brauchen, um für den Kunden das gewünschte Produkt zu kaufen. Nutzer würden eher bei der Internetsuche mit Tastatur und Display bleiben, anstatt mit einem Sprachassistenten zu diskutieren.[143]

Ein Thema für die Zukunft von Sprachsteuerung ist definitiv Voice Banking. Bereits heute können Kunden der *Sparkasse* oder von *Comdirect*, welche einen *Google Assistant* besitzen, über Sprachbefehle Kontostände abrufen oder Beträge bis 30 Euro überweisen. Dieser Bereich wird sich in naher Zukunft weiterentwickeln und ausbreiten. Möglich ist zudem darauf folgend das Voice Payment, also das Bezahlen von Produkten oder Dienstleistungen in verschiedenen Situationen mit der bereits erwähnten Stimmerkennung einer Person.[144] Ebenfalls denkbar für die Zukunft sind Voice Notifications. Diese würden wie andere Pop-Up-Meldungen auf dem Smartphone funktionieren und auf dem Display erscheinen. Nur anstatt die Meldung selbst zu lesen, würden sie per Sprache vorgelesen werden.[145] Künftig kann davon ausgegangen werden, dass neben *Amazon* auch andere Hersteller Voice Commerce Möglichkeiten für Nutzer entwickeln, um nahe bei den Kunden zu bleiben. Kleinen Händlern wird es wohl schwerfallen, diesem Trend Stand zu halten, da ihnen die finanziellen Mittel fehlen könnten. Trotzdem liegt die Lösung zum Erfolg für Unternehmen in der durchdachten Umsetzung des Voice Commerce und nicht lediglich in der Verbreitung.[146]

---

[142] Vgl. T3n [2017], o. S.
[143] Vgl. Damm [2019], o. S.
[144] Vgl. Gründiger et al. [2019], S. 12.
[145] Vgl. Sarkar [o. J.], o. S.
[146] Vgl. Isheim [2018], o. S.

Aufgrund der relativ niedrigen Kosten für einen Smart Speaker haben viele verschiedene Menschen Zugriff auf die Technologie und können Hilfe erfahren, die sie sich sonst nicht leisten könnten. Durch die weibliche Stimme der Sprachassistenten und der Funktion als sich kümmernde Hilfe im Alltag suggeriert der Smart Speaker das neue Familienmitglied im Haushalt.[147] Die neue Kommunikationsform mit Sprachassistenten wird Grundlegendes in dem Kaufverhalten der Menschen verändern und dadurch wird es ebenfalls Einfluss darauf haben, wie Unternehmen oder Marken sich mit dem Sprachassistenten digital präsentieren müssen. In Zukunft muss die freundliche Beratung der künstlichen Intelligenz mit prägnanter Informationswiedergabe verknüpft werden.[148] Was dies für das Marketing von Unternehmen bedeutet, wird im folgenden Abschnitt behandelt.

4.3 Marketingmaßnahmen für Sprachassistenten

Die Definition von Online-Marketing des Autors *Erwin Lammenett* lautet:

> „Online-Marketing umfasst Maßnahmen oder Maßnahmenbündel, die darauf abzielen, Besucher auf die eigene oder eine ganz bestimmte Internetpräsenz zu lenken, von wo aus dann direkt Geschäft gemacht oder angebahnt werden kann."[149]

Dafür wollen Unternehmen die richtige Zielgruppe zur richtigen Zeit, mit dem richtigen Preis ansprechen. Hierbei ist es essentiell, das Verhalten der Zielgruppe genau zu kennen. Sprachassistenten sind dem Konsumenten sehr nah, da sie diese in ihrem Alltag begleiten. Um in Zukunft Aufmerksamkeit bei der Nutzung von Sprachassistenten zu erlangen, müssen Unternehmen an ihrem Webauftritt arbeiten, um ihre Marke individuell dem Anwender zu präsentieren. Unternehmen müssen viele Schnittstellen und Formulierungen für die Sprachsteuerung optimieren, um bei der Sprachsuche gefunden zu werden. Denn aktuell empfehlen die Sprachassistenten, abgestimmt auf den Hersteller wie bei *Amazon*, was sie möchten. Diese Hürde gilt es zu überwinden und dabei sollte ein Auge auf die beliebtesten Hersteller dieser Branche geworfen werden: *Amazon, Google, Apple, Microsoft* und *Samsung*.[150]

---

[147] Vgl. Woods [2018], o. S.
[148] Vgl. Werner [2018], o. S.
[149] Lammenett [2017], S. 26.
[150] Vgl. Ambekar [2018], o. S.

Der Erfolg von Podcasts veranschaulicht den momentanen Fokus auf Audio. Deshalb ist es bedeutend für das Marketing, dass eine Marke oder ein Unternehmen eine auditive Identität hat. Mit Designs von Tönen kann eine Marke hörbar gemacht werden, die Zielgruppe kann dadurch angesprochen werden und die Marke schafft eine auditive Erinnerung.[151]

Im Moment ist der Kunde es gewohnt, beim Onlineeinkauf auf eine vielfältige Auswahl von Produkten oder Dienstleistungen zu treffen. Sprachassistenten hingegen können dies nicht, sondern sie bieten beim Spracheinkauf meist nur eine Auswahl aus einem oder zwei Produkten an. Ein weiteres Hindernis für das Marketing ist die negative Werbeakzeptanz unter den Nutzern. Es ist bekannt, dass Werbung in Form von Bannern, Spots oder Unterbrechungen online nicht gern gesehen und meist ignoriert werden. Umso wichtiger ist es, dass Marketingmaßnahmen für Sprachassistenten in Zukunft nicht lästig erscheinen, sondern transparent und nachhaltig gestaltet werden.[152]

Ein wichtiger Punkt, der sich mit der Verbreitung von Sprachassistenten für das Marketing verändern wird, ist Search Engine Optimization. Kurz gesagt: SEO. Diese Maßnahme beschreibt alle Aktivitäten, die dazu dienen, die gewünschte Website im Suchergebnis von Suchmaschinen wie beispielsweise *Google* weit oben zu platzieren, damit sie viel Aufmerksamkeit bekommt. Zu den Maßnahmen zählen die Bestimmungen von Keywords, Inhalten und Titeln auf der Website oder Verlinkungen von anderen Websites zu der eigenen.[153] Beim Punkt Keywords besteht schon der größte Unterschied zwischen klassischem SEO und Voice-SEO: Nutzer suchen bei der Sprachsteuerung in ganzen Sätzen und nicht wie mit der Tastatur in Schlagwörtern. Das gut klingende und fehlerfreie laute Vorlesen des Smart Speakers muss in jedem Fall Priorität haben, wenn es um Sprachassistenten geht. Hier würde es helfen, auf die meistgestellten Fragen Antworten auf der Website parat zu haben.

---

[151] Vgl. Mozart [2019], o. S.
[152] Vgl. Gründel 3 [2018], o. S.
[153] Vgl. Gründerszene 3 [o. J.], o. S.

Die Beschreibungen sollten zudem besonders bildlich sein, da dem Anwender der visuelle Teil fehlt. Um den Nutzer zum Kauf zu bewegen, sollten Bilder des Produktes emotional, informativ und nicht zu detailliert beschrieben werden. Zusätzlich sollte die Ladezeit der Website beziehungsweise der Antworten so gering wie möglich sein, da so Kunden von der Schnelligkeit profitieren könnten.[154]

Wie bereits erklärt, kann der Sprachassistent dem Kunden nur eine begrenzte Zahl von Produkten zur Auswahl anbieten. Deshalb wird es in Zukunft weiterhin so wichtig für Unternehmen sein, durch SEO-Maßnahmen in den Suchergebnissen weit oben zu erscheinen, da diese Ergebnisse für die künstliche Intelligenz am relevantesten bewertet und somit ausgewählt werden.[155] Anfragen werden immer komplexer und im Gegenzug muss sich die technische Seite dahingehend verbessern. Um in Zukunft richtig auf komplexe Fragen oder Befehle zu antworten, benötigen Hersteller für ihre Sprachassistenten eine Kombination aus Wörterbuchdatenbanken, Algorithmen und einem ausgeprägten semantischen Verständnis der künstlichen Intelligenz. Der Erfolg für das Marketing steckt im Detail.[156]

Vorstellbar für die Zukunft wäre im Marketing beispielsweise interaktive Werbung. Der Rezipient würde demnach einen Werbespot im Fernsehen, im Radio oder auf dem Smartphone ausgespielt bekommen und daraufhin mit der Sprachsteuerung des zugehörigen Assistenten darauf reagieren können. Hier wären Befehle möglich, die den Nutzer auf die Website des beworbenen Produktes leiten, weitere Informationen vermitteln oder in einen Kaufprozess übergehen.[157] Beispielsweise hört der Konsument einen Werbespot über den Smart Speaker und kann sich daraufhin per Sprachbefehl einen passenden Aktionscode oder Rabatt-Gutschein, welcher im Spot erwähnt wurde, an die verknüpfte E-Mail Adresse senden lassen. So ermöglicht Audiowerbung eine Interaktion zwischen Händler und Kunden und lässt beide Komponenten in einen Dialog treten.[158]

---

[154] Vgl. Gründel 2 [2018], o. S.
[155] Vgl. Gründel 2 [2018], o. S.
[156] Vgl. Bischoff [2018], o. S.
[157] Vgl. Dlugos [2018], o. S.
[158] Vgl. Mozart [2019], o. S.

Werbemöglichkeiten könnten auch suggestiv verwendet werden. Fragt der Kunde zum Beispiel nach einem Shampoo, kann der Sprachassistent daraufhin ein Beispiel von einer Marke geben, nach der er suchen könnte oder weiter nach Kriterien des Shampoos fragen. Aktuell gibt es allerdings noch keine Werbemöglichkeiten für Sprachassistenten, sondern nur die Verwendung von Skills einer Marke.[159] Welche Maßnahmen Unternehmen unterdessen heute bereits treffen sollten, um auf dem Markt der Sprachassistenten relevant zu sein, wird im folgenden Kapitel behandelt.

---

[159] Vgl. GS1 Germany [2018], S. 13.

5 Handlungsempfehlungen

In dieser Thesis wurde bereits diskutiert, inwieweit Sprachassistenten aktuell genutzt werden und welche Potenziale auf technischer Ebene und im Hinblick auf Marketingmöglichkeiten in Zukunft denkbar sind. Dieses Kapitel beschäftigt sich folglich damit, wie sich Unternehmen bezüglich des Trends zur steigenden Nutzung von Sprachassistenten verhalten sollten. Es wird eine Handlungsempfehlung auf Basis der bereits ermittelten Erkenntnisse entwickelt um darauf hinzusteuern, dass Unternehmen auf dem wandelbaren Markt mithalten und bestehen können.

Unternehmen sollten sich mit der Entwicklung einer Digitalstrategie auf das Zeitalter der Sprachassistenten vorbereiten. Über die Werbe- und Vertriebsmöglichkeiten, welche sich in Zukunft etablieren können, lässt sich heute nur spekulieren. Ob Werbung künftig über die Smart Speaker ausgespielt wird oder Unternehmen sich Platzierungen oder Vorteile erkaufen können ändert nichts daran, dass es für Unternehmen essentiell ist, sich jetzt mit dem neuem Wachstumsmarkt zu beschäftigen.[160]

Wie in Abbildung zwei dieser Arbeit bereits veranschaulicht, kann die Sprachsteuerung zu verschiedenen Zeiten und verschiedenen Aktionen über den Tag verteilt verwendet werden. Der Sprachassistent kann somit über den ganzen Tag im Leben eines Nutzers seine Anwendung finden. Dieses Potenzial sehen bereits einige Unternehmen. Wer in den Antworten einer Suchanfrage nicht genannt wird oder wessen Produkt vom Sprachassistenten im Kaufprozess per Sprache nicht erwähnt wird, existiert für den Konsumenten sozusagen nicht. Da es Werbung beispielsweise in Form von bezahlten Suchergebnissen für Sprachassistenten noch nicht gibt, müssen Unternehmen für die Zukunft ihre Präsenz in der Branche auf anderen Wegen optimieren.[161]

Am Anfang ist es sinnvoll ein Serviceangebot mit einem Skill zu entwickeln. Ein Skill ohne eine Bestellfunktion ist einfach umsetzbar und benötigt kein hohes Budget. Dennoch bietet dieses Feature einen Mehrwert, denn es kann mit guten Einfällen Aufmerksamkeit erreicht werden und die Marke kann dem Nutzer im Gedächtnis bleiben. Diesen Weg sind, wie bereits analysiert, *Rewe* oder *Douglas* gegangen.[162] Generell sollten sich Unternehmen damit beschäftigen, wie sie auditiv

---

[160] Vgl. Springer Professional [2018], o. S.
[161] Vgl. Kahnt/Kohn/Schmidt [2018], S. 64 f.
[162] Vgl. GS1 Germany [2018], S. 12.

stattfinden und stattfinden möchten, wie Nutzer auf sie aufmerksam werden können, welche Marketingmaßnahmen sie treffen möchten und in welcher sprachlichen Darstellungsart sie sich präsentieren möchten. Dafür ist eine auditive Identität für den Wiedererkennungswert unerlässlich. Durch Sprachassistenten wird Hören zum neuen Sehen.[163] Die Vorgehensweise für Unternehmen, die sich in Zukunft auf dem Markt der Sprachassistenten in Form einer Funktion etablieren wollen, sollte wie folgt lauten: Definition von Zielen, Überlegen von Nutzungsszenarien und diese anhand der vorher festgelegten Ziele darstellen. Daraufhin Inhalte festlegen sowie die Transformation der Texte in für Sprachsteuerung ausgelegte Dialoge und letztlich die Programmierung eines Skills für den Sprachassistenten.[164]

Im Sinne des Datenschutzes, welcher im Laufe der Arbeit bereits als große Hürde für potenzielle Nutzer dargestellt wurde, sollten Unternehmen auf eine hohe Transparenz achten. Dabei sollte über den Datenschutzstandard informiert werden und damit das Vertrauen des Kunden gewonnen werden. Dies könnte beispielsweise über Siegel veranschaulicht werden, die unabhängig geprüft wurden.[165]

Um auf die drei Kernbereiche von Sprachsteuerungen, nämlich Voice Search, Voice Commerce und Experience Enhancer zurückzukommen, sollten Unternehmen in allen drei Kategorien Optimierungen vornehmen. Wie zuvor erläutert muss die Präsenz der Website und der Inhalte durch SEO-Maßnahmen verbessert werden, um für Nutzer relevant zu werden. Dadurch kann ein Unternehmen mit Antworten dienen, wenn ein Nutzer dem Sprachassistenten eine Frage stellt. Für den Bereich Voice Commerce sollten alle Beschreibungen der Produkte auf Sprache ausgerichtet werden. So bekommt der Nutzer ein besseres Bild von dem, was er kaufen möchte und die Retourenquoten könnten gesenkt werden. Zudem bleibt ein Unternehmen auf diese Weise konkurrenzfähig und relevant. Experience Enhancer, welche die Erfahrungen der Kunden mit dem Service verbessern sollen, sollten ein Konzept entwickeln, welches gewährleistet, dass das Unternehmen oder der Service dem Kunden nachhaltig positiv im Gedächtnis bleibt und weiteres Interesse weckt.[166] Die Kundenerfahrung sollte zudem nicht durch den Wechsel von Geräten, beispielsweise bei einem Kauf, gestört werden. Umso schwieriger ein Kaufprozess

---

[163] Vgl. Bachér [2018], o. S.
[164] Vgl. Mendez [2018], o. S.
[165] Vgl. Gründiger et al. [2019], S. 10.
[166] Vgl. Kahnt/Kohn/Schmidt [2018], S. 64.

gestaltet wird und umso mehr Hürden der Konsument überwinden muss, desto eher geht der Kunde verloren und bricht den Prozess ab. Unternehmen sollten daher auch für die Entwicklung eines Skills im Vorhinein für sich und besonders für den Kunden definieren, welche Aktionen möglich sind und welche nicht, um erneut für Transparenz zu sorgen.[167]

Zusätzlich zu den bereits behandelten Punkten kommt der generelle Vorteil, dass durch die Entwicklung von Skills eine unbeschränkte Zahl an Möglichkeiten für die Zukunft von Sprachassistenten, Voice Commerce und die individuelle Umsetzung jedes Unternehmens besteht.[168]

Der Trend zum Voice Commerce ist für Unternehmen im E-Commerce definitiv relevant und *Amazon* gilt als der Vorreiter für dieses Gebiet. Dennoch sollten Unternehmen nicht vergessen, ihre Kundenbeziehungen auch offline zu pflegen. *Amazon's Alexa* empfiehlt auf Anfrage nur eine begrenzte Anzahl von Produkten, wobei bis auf die SEO-Optimierungsmöglichkeiten und die gekauften, beziehungsweise gesponserten Platzierungen nicht bekannt ist, nach welchen Kriterien das Ranking entsteht. Um sich nicht in Abhängigkeit von *Amazon* zu befinden, könnten Unternehmen ihre Produkte im stationären Handel gut in Szene setzen. Denn wie bereits anhand des ROPO-Effekts erklärt, ist für einige Kunden der Laden der letzte Kontaktpunkt, wo die Produkte dann tatsächlich gekauft werden.[169]

Es ist essentiell, die Customer Journey eines Kunden zu kennen. Diese beschreibt sozusagen die Reise des Kunden, von dem ersten Kontaktpunkt mit dem Produkt bis hin zur Zielhandlung, wie beispielsweise dem Kauf. Auch Prozesse, welche nach dem Kauf zwischen dem Kunden und dem Händler ablaufen, werden miteinbezogen.[170] Wenn die Customer Journey der Zielgruppe bekannt ist, kann das Unternehmen daraufhin bestimmen, an welchen Kontaktpunkten Sprache eingesetzt werden soll. Dafür kann eine Schnittstelle mit Amazon sinnvoll sein, jedoch auch Kooperationen mit anderen Plattformen oder andere Maßnahmen, welche Voice Search oder den Service betreffen.[171] Unternehmen sollten die Technologie im Rahmen ihrer Möglichkeiten perfektionieren, um das Vertrauen der Nutzer in die Sprachsteuerung zu fördern. Dieses Vertrauen kann auch zunächst durch kleinere

---

[167] Vgl. GS1 Germany [2018], S. 12.
[168] Vgl. Koeppel [2018], o. S.
[169] Vgl. Hollerbach [2018], o. S.
[170] Vgl. Kuenen/Aygün [2018], o. S.
[171] Vgl. Koelwel [2019], o. S.

Skills geschaffen werden, um dann zu Voice Commerce Maßnahmen übergehen zu können. Die Werbung, welche Unternehmen für Sprache konzipieren, darf nicht störend sein, sondern sollte nahtlos in die Dialoge eingebettet werden. Und letztlich sollten Unternehmen Geduld haben. Die Technologie der Sprachassistenten ist schnell aber auch neu. Der Anwender benötigt Zeit, um sich an den Umgang und Gebrauch zu gewöhnen.[172]

Zusammenfassend lässt sich sagen, dass die Sprachsteuerung einen neuen Kanal für Unternehmen darstellt, um mit Kunden zu interagieren. Unternehmen sollten sich möglichst schnell auf Sprachassistenten einstellen und sich dafür selbst auf dem schnelllebigen Markt positionieren. Da niemand in die Zukunft dieser neuen Branche blicken kann, sollten Unternehmen sich vorbereiten, flexibel und experimentell agieren, um zur richtigen Zeit die richtigen Maßnahmen treffen zu können.[173]

---

[172] Vgl. PWC [2018], S.10.
[173] Vgl. Werner [2018], o. S.

6 Fazit

Ziel dieser Bachelorarbeit war es, anhand einer Analyse den aktuellen Stand von Sprachassistenten auf dem Markt zu bestimmen und daraufhin Zukunftspotenziale, sowohl im technischen Sinne als auch im Bereich Marketing, zu entwickeln und Handlungsempfehlungen für Unternehmen abzuleiten. Dafür sollte eine Antwort auf die in der Einleitung dargestellten Leitfrage gefunden werden, welche lautet: Welche zukünftigen Möglichkeiten werden dem E-Commerce durch Weiterentwicklung von Sprachassistenten geboten?

Um eine Antwort auf die Frage zu geben, kann gesagt werden, dass es voraussichtlich einige Veränderungen für den E-Commerce aufgrund der steigenden Nutzung von Sprachassistenten geben wird. Wie konkret diese aussehen werden, lässt sich heute nur spekulieren, da Sprachassistenten in ihrer Entwicklung noch am Anfang stehen. Viele Quellen sind sich einig, dass Sprachsteuerung aufgrund der Einfachheit, Natürlichkeit und Bequemlichkeit für die Anwender die Zukunft sein wird und demnach auch den E-Commerce beeinflussen wird. Zusammenfassend ging aus der Analyse hervor, dass besonders Wiederholungskäufe und der Kauf von Convenience Gütern, die einfach und bequem zu erwerben sind, zunächst für den E-Commerce relevant sein werden. Man kann mutmaßen, dass neben *Amazon* als Vorreiter des direkten Vertriebs über Sprachsteuerung, indirekte Käufe über Sprachassistenten in Kombination mit dem stationären Handel zunächst Erfolg erfahren werden. Speziell in der Pflege und im Kundenservice können Sprachassistenten bedeutende Veränderungen schaffen. Einige Quellen sehen Sprachsteuerung als den zukünftigen Ersatz für Smartphones an, andere aufgrund der noch bestehenden Hürden als Zusatz zum Smartphone.

Kritiker, welche die fehlenden visuellen Möglichkeiten für den E-Commerce bemängeln, sehen das Potenzial von Sprachassistenten in diesem Bereich nur in beschränkter Form. Inwiefern genau die Sprachassistenten den Alltag in Zukunft beeinflussen werden, hängt weiterhin von den technischen Hürden der künstlichen Intelligenz ab, welche es zu bewältigen gilt. Im Kapitel der Schwierigkeiten in dieser Arbeit wurden große Probleme der aktuellen Nutzung beschrieben. Diese waren die Skepsis der Verbraucher gegenüber dem Datenschutz, Hacking-Vorfälle, allgemeine Verständnisschwierigkeiten des Sprachassistenten, die störende Sprachsteuerung in der Öffentlichkeit oder die Informationspflicht des Händlers im Voice Commerce. Auch im Kapitel der Zukunftspotenziale für Sprachassistenten im E-Commerce hat sich herauskristallisiert, dass Voice Commerce ohne visuelle Einflüsse in Frage gestellt wird und einige Änderungen im Bereich SEO vollzogen werden müssen. Diese Erkenntnisse belegen, dass eine Zukunft mit Sprachassistenten für den E-Commerce nicht nur positive Seiten hat. Es bestehen Hindernisse verschiedener Art, denen sich insbesondere Unternehmen bewusst sein sollten.

Die Ergebnisse haben deutlich gemacht, wie wichtig es für Unternehmen aktuell ist, sich mit der Thematik Sprachassistenz auseinanderzusetzen und sich auf dem Markt zu positionieren. Mit einer hörbaren Identität und SEO-Maßnahmen, sollten sich Unternehmen auf Sprache spezialisieren, um relevant zu bleiben. Dank Skills sind der individuellen Darstellung von Unternehmen bei Sprachassistenten keine Grenzen gesetzt. Besonders deutlich wurde, dass eine auditive Präsenz einer Marke an Bedeutung gewinnt.

Inwiefern die Menschen eine Welt mit Sprachassistenten adaptieren werden, ist heute nicht festzumachen. Letztlich lässt sich behaupten, dass eine eindeutige Antwort auf die Leitfrage nicht formulierbar ist. Die Entwicklung der Sprachassistenten steht zu sehr am Anfang, um konkrete Schlüsse für den Umgang mit Sprachassistenten und den einhergehenden Veränderungen für den E-Commerce in der Zukunft zu ziehen.

Literaturverzeichnis

Albrecht, G./Kuderna, M. [2011]
Apple veröffentlicht iPhone 4S, iOS 5 & iCloud, verfügbar unter: https://www.apple.com/de/newsroom/2011/10/04Apple-Launches-iPhone-4S-iOS-5-iCloud/ (24.06.2019).

Alexander, R. [2018]
Apple HomePod: Schneller und einfacher Einstieg in die Welt der Sprachsteuerung mit Siri und HomeKit, Band 3, 2018.

Amazon 1 [o. J.]
Was ist ein Voice User Interface (VUI)?, verfügbar unter: https://developer.amazon.com/de/alexa-skills-kit/vui (18.06.2019).

Amazon 2 [o. J.]
Alexa Skills Kit in Deutschland. Entwickle Alexa Skills und verleihe deiner Idee eine Stimme, verfügbar unter: https://developer.amazon.com/de/alexa-skills-kit (19.06.2019).

Amazon 3 [o. J.]
Alexa kennenlernen, verfügbar unter: https://www.amazon.de/b?ie=UFT&&node=12775495031 (24.06.2019).

Amazon 4 [o. J.]
Echo Geräte vergleichen, verfügbar unter: https://www.amazon.de/dp/B06ZXQV6P8?tag=googhydr08-21&ref=pd_sl_devechode (25.05.2019).

Ambekar, M. [2018]
Sprachassistenten gehört die Zukunft, verfügbar unter: https://www.leaddigital.de/sprachassistenten-werden-die-suche-grundlegend-veraendern/ (18.06.2019).

Anke, J./Fischer, U./Lemke, R. [2019]
Integration digitaler Sprachassistenten in den Kundenservice am Beispiel der Stadtwerke Leipzig, in: Digitalisierung von Staat und Verwaltung, Bonn 2019, S. 25-36.

Apple 1 [o. J.]
Zuhause hört sich neu an, verfügbar unter: https://www.apple.com/de/homepod/ (24.06.2019).

Apple 2 [o. J.]
Weiter Funktionen von Siri auf dem HomePod, verfügbar unter: https://support.apple.com/de-de/HT208336 (24.06.2019).

Apple 3 [o. J.]
HomePod, verfügbar unter: https://www.apple.com/de/homepod/specs/ (27.06.2019).

Bachér, F. [2018]
Die Bedeutung des Trends für das Marketing, verfügbar unter: https://www.internetworld.de/onlinemarketing/amazon/trend-internet-sprache-fuers-marketing-bedeutet-1473395.html?page=1_die-bedeutung-des-trends-fuer-das-marketing (25.06.2019).

Bendel, O. [2018]
Virtueller Assistent, verfügbar unter: https://wirtschaftslexikon.gabler.de/definition/virtueller-assistent-99509/version-325296 (19.06.2019).

BfDI [2017]
Datenschutz kompakt. Diesmal: Sprachassistenten, verfügbar unter: https://www.bfdi.bund.de/SharedDocs/Publikationen/DatenschutzKompaktBlaetter/Sprachassistenten.pdf;jsessionid=89BBD509DB5D089B54DE3D4576BD4219.2_cid329?_blob=publicationFile&v=4 (25.06.2019).

Bischoff, A. [2018]
Voice-Commerce: Sprechen statt tippen, verfügbar unter: https://www.estrategy-magazin.de/2018/voice-commerce-sprechen-statt-tippen.html (24.06.2019).

Böker, T. [o. J.]
Samsung will mit Sprachassistent Bixby in Europa durchstarten, verfügbar unter: https://www.lead-digital.de/samsung-will-mit-sprachassistent-bixby-in-europa-durchstarten/ (25.06.2019).

Breyer-Mayländer, T. [2017]
Management 4.0 - Den digitalen Wandel erfolgreich meistern. Das Kursbuch für Führungskräfte, München 2017.

Literaturverzeichnis

Bünte, O. [2018]
Amazon Alexa versendet selbstständig Privatgespräch, verfügbar unter: https://www.heise.de/newsticker/meldung/Amazon-Alexa-versendet-selbststaendig-Privatgespraech-4058351.html (20.06.2019).

Cole, T. [2015]
Digitale Transformation. Warum die deutsche Wirtschaft gerade die digitale Zukunft verschläft und was jetzt getan werden muss! München 2015.

Damm, C. [2019]
Lidl, Zalando und Co. setzen auf eine Technologie, die am Ende viele Kunden enttäuschen könnte, warnt ein Experte, verfügbar unter: https://www.businessinsider.de/lidl-zalando-und-co-setzen-auf-eine-technologie-die-am-ende-viele-kunden-enttaeuschen-koennte-warnt-ein-experte-2019-6 (29.06.2019).

Dlugos, C. [2018]
Wie Sprachassistenten das digitale Marketing verändern werden, verfügbar unter: https://t3n.de/news/sprachassistenten-digitales-marketing-1016900/ (24.06.2019).

Donath, T. [o. J.]
Alexa, Siri und andere: Deutsche Nutzer sind mit Sprachassistenten zufrieden, verfügbar unter: https://t3n.de/news/sprachassistenten-deutsche-zufrieden-1144783/ (25.06.2019).

Eichfelder, M. [2017]
Google Home vs. Amazon Echo: Wer ist der bessere Assistent?, verfügbar unter: https://www.chip.de/news/Google-Home-vs.-Amazon-Echo-Die-Assistenten-im-Vergleich_120738644.html (24.06.2019).

Flaig, M. [2018]
Deutsche sind offen für Sprachassistenten, verfügbar unter: https://www.wuv.de/digital/deutsche_sind_offen_fuer_sprachassistenten (19.06.2019).

Frommelt, A./Sorna, D./Dzierzon, C. [2018]
Sprachassistenten: Hype oder eine echte Alternative?, verfügbar unter: https://entwickler.de/online/php/sprachassistenten-579844440.html (19.06.2019).

Google 1 [o. J.]
: Einfach hilfreich Google Home, verfügbar unter: https://store.google.com/de/product/google_home (24.06.2019).

Google 2 [o. J.]
: Google Nest Hub, verfügbar unter: https://store.google.com/de/product/google_nest_hub (24.06.2019).

Google 3 [o. J.]
: Hilft dir in allen Lebenslagen, verfügbar unter: https://assistant.google.com/intl/de_de/platforms/phones/ (24.06.2019).

Google 4 [o. J.]
: Zeig mal, Google, verfügbar unter: https://assistant.google.com/intl/de_de/ (24.06.2019)

Göpfert, Y. [2018]
: Sprich mit mir, denn ich weiß, wie du fühlst!, verfügbar unter: https://www.wuv.de/digital/sprich_mit_mir_denn_ich_weiss_wie_du_fuehlst (24.06.2019).

Graf, A./Schneider, H. [2017]
: Das E-Commerce Buch. Marktanalysen – Geschäftsmodelle – Strategien, Frankfurt am Main 2017.

Gründel, V. 1 [2018]
: KI: Fast jeder zweite Millennial nutzt Sprachassistenten, verfügbar unter: https://www.wuv.de/digital/ki_fast_jeder_zweite_millennial_nutzt_sprachassistenten (19.06.2019).

Gründel, V. 2 [2018]
: Hör zu Google: So geht SEO für Voice Search, verfügbar unter: https://www.wuv.de/digital/hoer_zu_google_so_geht_seo_fuer_voice_search (19.06.2019).

Gründel, V. 3 [2018]
: Marketing für Sprachassistenten ist eine Gratwanderung, verfügbar unter: https://www.wuv.de/digital/marketing_fuer_sprachassistenten_ist_eine_gratwanderung (19.06.2019).

Gründerszene 1 [o. J.]
Künstliche Intelligenz, verfügbar unter: https://www.gruenderszene.de/lexikon/begriffe/kuenstliche-intelligenz?interstitial (18.06.2019).

Gründerszene 2 [o. J.]
Alexa, verfügbar unter: https://www.gruenderszene.de/lexikon/begriffe/alexa?interstitial (20.06.2019).

Gründerszene 3 [o. J.]
Suchmaschinenoptimierung (SEO), verfügbar unter: https://www.gruenderszene.de/lexikon/begriffe/suchmaschinenoptimierung-seo?interstitial (25.06.2019).

Gründiger, W./Hofmann, D./Klett, D./Knoll, M./Scheffler, T. [2019]
Sprachassistenten im Smart Home, verfügbar unter: https://www.bvdw.org/fileadmin/bvdw/upload/publikationen/smart_home/Sprachassistenten_im_SmartHome.pdf (18.06.2019).

GS1 Germany [2018]
Chatbots & Voice Commerce. Wie digitale Assistenten das Einkaufserlebnis verändern, verfügbar unter: https://www.gs1-germany.de/fileadmin/gs1/basis_informationen/whitepaper_chatbots_und_voice_commerce.pdf (19.06.2019).

Heinemann, G. [2019]
Der neue Onlinehandel. Geschäftsmodelle, Geschäftssysteme und Benchmarks im E-Commerce, 10. Aufl., Wiesbaden 2019.

Hellwig, A./Meister, S./Schneider, C. [2018]
Sprachassistenten in der Pflege – Potentiale und Voraussetzungen zur Unterstützung von Senioren am Beispiel von Amazon Echo und Google Home, verfügbar unter: https://dl.gi.de/bitstream/handle/20.500.12116/16665/poster_0341.pdf?sequence=2&isAllowed=y (24.06.2019).

Herbig, D. [2019]
Samsungs Assistent Bixby spricht jetzt fließend Deutsch, verfügbar unter: https://www.heise.de/newsticker/meldung/Samsungs-Assistent-Bixby-spricht-jetzt-fluessig-Deutsch-4313978.html (24.06.2019).

Herrmann, S. [2017]
: Sprachassistenten machen Senioren froh, verfügbar unter: https://www.wuv.de/digital/sprachassistenten_machen_senioren_froh (24.06.2019).

Hollerbach, M. [2018]
: So tricksen E-Commerce-Anbieter Amazons Alexa aus, verfügbar unter: https://www.horizont.net/tech/kommentare/sprachassistent-so-tricksen-e-commerce-anbieter-amazons-alexa-aus-171650 (25.06.2019).

Hopfenmüller, B. [2018]
: Voice Commerce: Traum oder Albtraum des Ecommerce?, verfügbar unter: https://norisk.group/blog/voice-commerce-traum-oder-albtraum-des-ecommerce/ (24.06.2019).

Isheim, R. [2018]
: Voice Commerce: Revolution im Onlinehandel?, verfügbar unter: https://it-wegweiser.de/voice-commerce/ (18.06.2019).

Jaekel, M. [2017]
: Die Macht der digitalen Plattformen – Wegweiser im Zeitalter einer expandierenden Digitalsphäre und künstlicher Intelligenz, 9. Aufl., Wiesbaden 2017.

Johnson, K. [2019]
: Microsoft CTO: Cortana doesn't need a smart speaker to succeed, verfügbar unter: https://venturebeat.com/2019/01/17/microsoft-cto-cortana-doesnt-need-a-smart-speaker-to-succeed/ (24.06.2019).

Kägler, R. [2018]
: Was ist Bixby? Die Funktionen des Assistenten einfach erklärt, verfügbar unter: https://www.giga.de/webapps/bixby/specials/was-ist-bixby/ (24.06.2019).

Kahnt, I./Kohn, M./Schmidt, P. [2018]
: Status quo, Optimierung und ein Blick in die Zukunft, in: Suchradar, Nr. 73 vom 29.08.2019, S. 62-67.

Kaufmann, J. [2019]
: Warum Sprachassistenten niemals das Smartphone ersetzen werden, verfügbar unter: https://www.businessinsider.de/warum-sprachassistenten-niemals-das-smartphone-ersetzen-werden-2019-1 (20.06.2019).

Klar, T. [o. J.]
Sprich mit mir, denn ich weiß, wie du fühlst!, verfügbar unter: https://www.wuv.de/digital/sprich_mit_mir_denn_ich_weiss_wie_du_fuehlst (25.06.2019).

Koelwel, D. [2019]
Voice Commerce und die Chancen für den Handel, verfügbar unter: https://www.internetworld.de/e-commerce/sprachassistent/voice-commerce-chancen-handel-1716762.html (29.06.2019).

Koeppel, P. [2018]
Smart Home, Smart Move? The Pros and Cons of Voice Assistants, verfügbar unter: https://www.koeppeldirect.com/drtvblog/smart-home-smart-move-the-pros-and-cons-of-voice-assistants/ (25.06.2019).

Kuenen, K./Aygün, T. [2018]
Digital Customer Journey, verfügbar unter: https://wirtschaftslexikon.gabler.de/definition/digital-customer-journey-100257/version-335041 (29.06.2019).

Lammenett, E. [2017]
Praxiswissen Online-Marketing. Affiliate- und E-Mail-Marketing, Suchmaschinenmarketing, Online-Werbung, Social Media, Facebook-Werbung, 6. Aufl., Wiesbaden 2017.

Luber, S. [2016]
Was ist Machine Learning?, verfügbar unter: https://www.bigdata-insider.de/was-ist-machine-learning-a-592092/ (29.06.2019).

Melchior, L. [2019]
Die 5 wichtigsten Begriffe zu Voice Commerce, verfügbar unter: https://www.internetworld.de/e-commerce/sprachassistent/5-wichtigsten-begriffe-zu-voice-commerce-1672785.html (19.06.2019).

Mendez, R. [2018]
Marketing mit digitalen Sprachassistenten, verfügbar unter: https://www.crowdmedia.de/marketing-mit-digitalen-sprachassistenten/ (24.06.2019).

Metzger, J./Kollmann, T./Sjurts, I. [2018]
E-Commerce, verfügbar unter: https://wirtschaftslexikon.gabler.de/definition/e-commerce-34215/version-257721 (28.06.2019).

Mozart, F. [2019]
Voice Commerce und Screenless Shopping: Die Zukunft bringt viele weitere Entwicklungen, verfügbar unter: https://www.lead-digital.de/voice-commerce-und-screenless-shopping-die-zukunft-bringt-viele-weitere-entwicklungen/ (29.06.2019).

Mundt, A. [o. J.]
Google Home, Google Home Mini & Google Home Max im Vergleich, verfügbar unter: https://www.turn-on.de/tech/topliste/google-home-google-home-mini-google-home-max-im-vergleich-313050 (27.06.2019).

Nextmedia.Hamburg [2018]
Deutsche offen für Sprachassistenten, aber besorgt um Daten, verfügbar unter: https://www.nextmedia-hamburg.de/nextmedia-hamburg-studie-zu-voice-assistenten/ (19.06.2019).

Newman, N. [2018]
The Future of Voice and the Implications for News, verfügbar unter: https://reutersinstitute.politics.ox.ac.uk/sites/default/files/2018-11/Newman%20-%20Future%20of%20Voice%20FINAL_1.pdf (19.06.2019).

Pietras, J. [2019]
Licence to skill, verfügbar unter: https://www.lead-digital.de/licence-to-skill/ (19.06.2019).

Pressebox [2018]
Sprachassistenten auf dem Vormarsch: Immer mehr Deutsche nutzen ihre Stimme zum Einkaufen, verfügbar unter: https://www.pressebox.de/inaktiv/quisma-gmbh/Sprachassistenten-auf-dem-Vormarsch-Immer-mehr-Deutsche-nutzen-ihre-Stimme-zum-Einkaufen/boxid/919571 (19.06.2019).

PWC [2018]
Consumer Intelligence Series: Prepare for the voice revolution, verfügbar unter: https://www.pwc.com/us/en/advisory-services/publications/consumer-intelligence-series/pwc-voice-assistants.pdf (25.06.2019).

Literaturverzeichnis

Riehm, U./Petermann, T./Orwat, C./Coenen, C./Revermann, C./Scherz, C./Wingert, B. [2003]
E-Commerce in Deutschland. Eine kritische Bestandsaufnahme zum elektronischen Handel, Berlin 2003.

Samsung 1 [o. J.]
Bixby hat viele Talente - genau wie du, verfügbar unter: https://www.samsung.com/de/apps/bixby/creators/ (24.06.2019).

Samsung 2 [o. J.]
Galaxy Home, verfügbar unter: https://www.samsung.com/us/explore/galaxy-home/ (24.06.2019).

Sandle, T. [2019]
Cortana is no longer a competitor to Alexa: Microsoft, verfügbar unter: http://www.digitaljournal.com/tech-and-science/technology/cortana-is-no-longer-a-competitor-to-alexa-microsoft/article/541252 (24.06.2019).

Sarkar, P. [o. J.]
Want to know about the future of Voice Assistant and AI? Here are top 7 predictions, verfügbar unter: https://www.esparkinfo.com/want-to-know-about-the-future-of-voice-assistant-and-ai.html (24.06.2019).

Siller, H. [2018]
Hacker, verfügbar unter: https://wirtschaftslexikon.gabler.de/definition/hacker-53395/version-276488 (20.06.2019).

Springer Professional [2018]
Unternehmen bauen ihre Zukunft auf Sprachassistenten, verfügbar unter: https://www.springerprofessional.de/vertriebskanaele/mensch-maschine-interaktion/unternehmen-bauen-auf-sprachassistenten/15482454 (18.06.2019).

Statista [2016]
Anzahl der Nutzer virtueller digitaler Assistenten weltweit in den Jahren von 2015 bis 2021 (in Millionen), verfügbar unter: https://de.statista.com/statistik/daten/studie/620321/umfrage/nutzung-von-virtuellen-digitalen-assistenten-weltweit/ (25.06.2019).

Statista 1 [2018]
Für den Kauf welcher Produkte und zur Nutzung welcher Dienstleistungen möchten Sie zukünftig Sprachassistenten verwenden?, verfügbar unter: https://de.statista.com/statistik/daten/studie/796730/umfrage/verwendung-von-sprachassistenten-beim-shopping-weltweit/ (25.06.2019).

Statista 2 [2018]
Welche Gründe sprechen für Sie gegen eine Nutzung von Sprachassistenten?, verfügbar unter: https://de.statista.com/statistik/daten/studie/872316/umfrage/gruende-fuer-die-nichtnutzung-von-sprachassistenten-in-deutschland/ (25.06.2019).

Statista [2019]
Umsatzstärkste Online-Shops weltweit 2018 (in Millionen Euro), verfügbar unter: https://de.statista.com/statistik/daten/studie/860277/umfrage/top-online-shops-weltweit-ecommercedb/ (25.06.2019).

Süddeutsche Zeitung [2018]
Gruseliges Lachen erschreckt Nutzer, verfügbar unter: https://www.sueddeutsche.de/digital/amazon-alexa-lachen-1.3897561 (20.06.2019).

T3n [2017]
Das Internet der Stimme: Intelligente Sprachassistenten in der Kundenkommunikation einsetzen, verfügbar unter: https://t3n.de/magazin/intelligente-sprachassistenten-kundenkommunikation-242768/2/ (19.06.2019).

T3n [2019]
Alexa, Siri und andere: Deutsche Nutzer sind mit Sprachassistenten zufrieden, verfügbar unter: https://t3n.de/news/sprachassistenten-deutsche-zufrieden-1144783/ (25.06.2019).

Udluft, H. [2018]
Schach, Suchmaschine, Sprachassistent – unser Verhältnis zur Künstlichen Intelligenz, in: Digitale Welt, Nr. 4 vom 01.10.2018, S. 7-8.

Verbraucherzentrale [2017]
Smart Home – Das „intelligente Zuhause", verfügbar unter: https://www.verbraucherzentrale.de/wissen/umwelt-haushalt/wohnen/smart-home-das-intelligente-zuhause-6882 (19.06.2019).

Wendel, M. [2017]
Einkaufen mit Amazons Alexa – so geht's, verfügbar unter: https://www.homeandsmart.de/alexa-online-einkaufen (18.06.2019).

Wendel, M. [2018]
Ok Google: Das sind die wichtigsten Google Home Sprachbefehle, verfügbar unter: https://www.homeandsmart.de/wichtige-sprachbefehle-google-home (18.06.2019).

Wendel, M. [2019]
Die 5 beliebtesten Sprachassistenten im Überblick, verfügbar unter: https://www.homeandsmart.de/smart-home-sprachassistenten (19.06.2019).

Werner, B. [2018]
4 Gründe, warum deutsche Marken jetzt eine Stimme brauchen, verfügbar unter: https://www.horizont.net/tech/kommentare/Internet-of-Voice-4-Gruende-warum-deutsche-Marken-jetzt-eine-Stimme-brauchen-167428 (19.06.2019).

Wölk, J. [2016]
User-Interfaces für Sprachassistenten: Die Magie von Alexa erklärt, verfügbar unter: https://t3n.de/news/user-interfaces-fuer-sprachassistenten-831249/ (19.06.2019).

Woods, H. [2018]
Are smart assistants good for users? An honest look at the pros and cons, verfügbar unter: https://www.fastcompany.com/90202770/are-smart-assistants-good-for-users-weighing-the-pros-and-cons (25.06.2019).

Wulf, D. [2018]
Amazon Alexa: App, Skills, Sprachbefehle, Lautsprecher und Tests, verfügbar unter: https://www.homeandsmart.de/amazon-alexa-sprachassistentin-smart-home-kompatible-geraete (24.06.2019).

Von Dewitz, W. [2019]
Samsung will mit Sprachassistent Bixby in Europa durchstarten, verfügbar unter: https://www.lead-digital.de/samsung-will-mit-sprachassistent-bixby-in-europa-durchstarten/ (24.06.2019).

Anhang

Umsatzstärkste Online-Shops weltweit 2018 (Quelle: Statista [2019], o. S.)

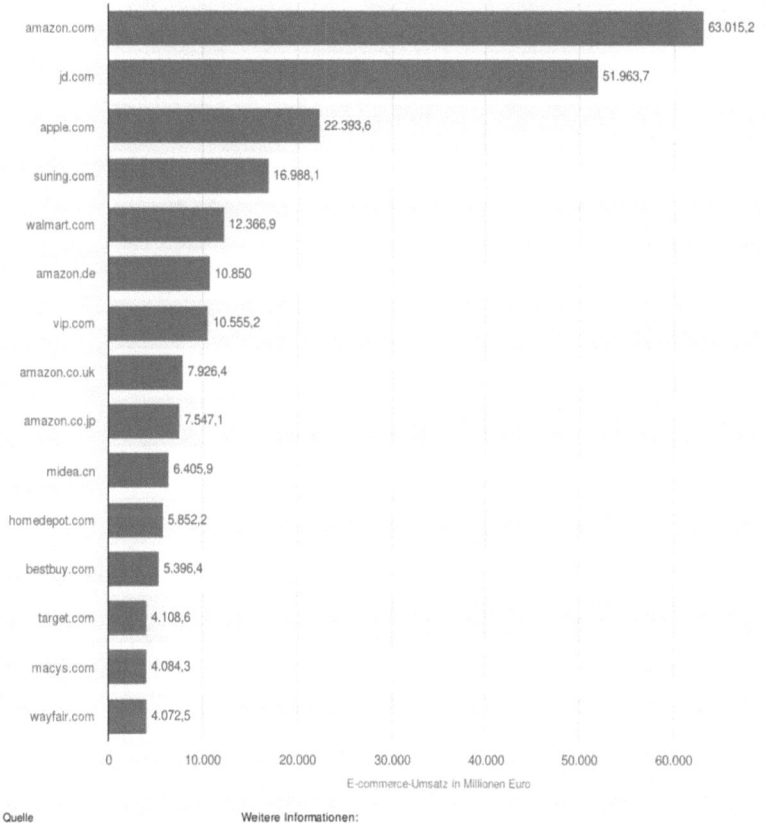